目錄

第一章　　溝通的藝術

第二章　　如何建立持久的關係

第三章　　如何促使家庭合一

序

　　作爲一個在今日服事神的出版者，我們時時謹記並自省的是：
我們所出版的是否按着神的心意，符合現今的需要，且能夠滿足讀
者，在讀者忙碌緊張和充滿壓力的生活中提供適切的助益？

　　神在造人之初，已明確地宣告，要人「生」「養」衆多。現今
的世代，「生」的方面容易去規畫、控制，而「養」的方面卻總是
存在着不少的疑難雜症──特別是在「少年十五二十時」的階段，
父母與子女兩代各自的問題和兩代之間的問題一直就糾纏不清，且
是難以解決的。

　　我們很興奮的，也是殊堪告慰的是可以出版這一套「少年十五
二十時──父母指南」叢書；相信這是出於神莫大的恩典，給今日
爲人父母者的一劑屬靈強心針，堅固爲人父母者那雙照顧呵護管敎
的手，好培育出屬神且合神心意的下一代──特別是在他們羽毛漸
豐，即將振翅高飛之時。

本叢書共分七冊：

第一冊「難爲天下父母心」，討論父母的角色及責任；

第二冊「年輕人的心」，幫助父母了解作年輕人是何滋味；

第三冊「家庭的合一」，討論到溝通、愛心及寬恕之心對親子關係培養的重要；

第四冊「幫助青少年成長」，論到如何培養孩子的自尊，發展他們的長處和價值觀；

第五冊「管教的藝術」，使我們了解如何在管與教上有彈性，卻不妥協；

第六冊「面對危機」，是針對家庭破裂而寫的；

第七冊「跨越崎嶇路」，討論仲裁家庭紛爭、子女擇友及面對文化差異的問題。

我們恭敬地將這套叢書獻在神的腳前，也擺在你——這令人欣羨的爲人父母者的手中，求神來使用；並願透過你執行這尊貴的天職時，神因此得着祂可愛的子民——你和你的兒女，並得着祂應得的無比榮耀。

葛序

　　每一年，有成千上萬的書籍出版，但是，只有少數可以列爲重要書籍。無疑的，本書就是那少數中的一本。

　　青少年在成長中常經歷到痛苦，而今日青少年的問題，更是沈重、複雜。似乎在突然間，青少年及其父母們就遭遇到上一代未曾遭遇過的種種問題。他們尋求歸屬感、生命的意義、目標及方向。在同儕及社會壓力的衝擊下，不得不重新調整自我，走向不同的方向。然而在此過程中，常遭到極大的困難。

　　爲甚麼會這樣呢？我相信，基本的問題在於今日的家庭急遽且嚴重地趨向破碎。家，是神用來與我們溝通並塑造我們的基本方法

之一。在此資訊時代，我們都知道，通訊網一中斷，紊亂就發生。同樣地，家庭一破碎，種種的困擾及混亂就不可避免了。神對家庭的心意也會被扭曲而變形。

我們該如何挽救這可悲的遽變呢？這就是本書的主旨。書中不但透徹地探討當今青少年及其父母所面臨的種種挑戰，並提出應對之道，其可讀性甚高。這是目前我所看到討論這個專題，內容最豐富，方法最有益的一本書。任何父母，讀了此書，定會得到幫助，成為更有果效、有愛心的父母。我深信此書將會是家中的良師益友。

為何說此書如此可靠呢？看看目錄即可略知。我相信他們沒有遺漏任何相關的主題，可以說幾乎所有青少年及其父母們可能遇到的困難，書中都提到了。另外，花點時間看看作者名單。這些作者都有堅定的信仰、聖潔的生活，值得信賴。他們更具有豐富的經驗及智慧——他們是一羣心理學家、心理醫生、青少年工作專業人士、輔導員、牧師及老師等。最重要的，他們都是看重家庭的父母，都曾體驗過甚麼方法有用，甚麼方法沒用，並且獻身幫助他人尋得神在他家中的美意。此書中，他們分享了自己的心得。

青少年歸主協會發行此書，真是最適合不過了。這個基督教機構，以其幾十年來與青少年及其家庭工作的經驗，能巧妙有效地擊中問題的要害。他們深知當前青少年的問題是甚麼，所提出的解答，不但實際，而且經得起考驗。

從書中，你能找到與孩子坐下來，坦承頭痛問題的勇氣；學到如何處理危機；學習幫助發育中的孩子，將信仰運用到日常生活中；你更會學到管教的藝術，美好交通的喜樂，個人自尊的重要及家庭生活的報償。

但是，有一事此書無法替你辦到——它沒法代你將所談到的運用出來。只有你，在神的幫助下，才能做到。一旦你做到時，你和你的家將受益無窮！

葛培理

譯者序

　　提起筆來寫這篇序文時，心中有無限的感觸。畢竟，三年時光的投入，爲時不算短。記得當初拿到此書時，兒子爲聖剛剛出生。望着那又厚又重，字典式的書，不由得歎道：「何時才能完工呢？」然而，內心卻深深覺得，這是一本普天下父母所需要，所應讀的書。父神旣將重任交託，祂必然賜下力量與智慧。

　　中國人常說：「天下無不是的父母。」或者，父母們在忙碌疲累不堪，又遭到兒女的頂撞與不滿時，常常會慨歎道：「我這是爲誰辛苦爲誰忙呀？」

　　一般而言，父母對兒女都有發乎天性的愛，並且願意把最好的給兒女。然而，到底甚麼才是對兒女最好的呢？兒女所需要的又是

甚麼呢？父母常忽略了這些問題，而「一廂情願」地將自己認為最好的加在兒女身上。等到衝突、不滿發生時，就帶來了傷心與困惑。

另一個常被忽略的事實，就是沒有任何一個人天生就知道如何為人父母。但是，儘管我們當兒女為「心肝寶貝」，卻甚少有人真正花時間精神，好好地裝備自己，學習如何為人父母，更別提設立「父母學校」，好讓父母能進修了。

而今天，作父母的責任尤其艱鉅。兒女們所面對的雖是進步但卻又是空前險惡的世代。在北美的華人父母，除了自己要在新國度中尋求扎根，更要幫助兒女找到自己。若無裝備，父母實在很難擔負為兒女「導航」的工作。

「少年十五二十時——父母指南」叢書，即是針對父母「教」養兒女各方面的需要編輯而成的書。它不是一個人的鉅著，乃是將八、九十位基督徒牧師、師母、心理學家及青少年工作專業者等人士在生活上、工作上的體驗很實際地舉例寫下來。內容幾乎涵蓋了生活的各個層面，無論是父母了解自己，或了解青少年方面，都有很好的提醒與原則的分享。

此書不僅可以成為青少年的父母很好的家庭顧問，也是每個將要為人父母或是有志於青少年工作者所應讀的書。外子天池與我衷心感謝神，讓我們在初為人父母時，就能逐句地將此書譯過或校過。無疑地，是為我們上了一課很好的「父母教育」。也更因着此書，使我們敢於在教會的青年團契中學習服事。此書真是成了我們隨時的幫助，並從中看到神的信實。在此也要特別謝謝團契中的孩子們，隨時為我們禱告，協助我們完成此書。

今天的青少年孩子到底需要甚麼呢？他們最需要的，不是別的，乃是父母間彼此相愛，父母的時間及從中給予他們的愛。我們懇求天父，藉着此書，喚醒更多忙碌的父母們，將心思真正地放在兒女身上。並在父神恩手的帶領下，將祂「所賜的產業」調教成為合祂心意的國度人才。

甘張梅君謹識於加州千橡城

第一章

溝通的藝術

- ●十一項保證會破壞談話的因素
- ●如何讀出青少年的感受？
- ●聆聽的藝術
- ●何時是溝通最好的時機？
- ●與青少年談話的祕訣
- ●如何回答青少年問的難題
- ●如何與孩子談話，而又能避免有窺探他們心事之嫌？
- ●孩子不願開口時，怎麼辦？

一個年輕人感歎地說道：「你知道我是甚麼嗎？我只不過是一個逗點。」「你為甚麼這樣說呢？」聽的人反問。

他說：「每次當我跟爸爸說話時，他就停下來，然後點了個逗點。等我閉上嘴後，他就繼續他的話題，好像我不曾說過甚麼似的。所以，我不過是他演講時的一個逗點罷了！」

許多年輕人總不能真正地與大人談話，尤其是與父母對話。很多時候父母仍把十幾歲的青少年看作是當年兜着尿片穿開襠褲的孩童，於是父母用高高在上、耳提面命的態度向他們說話。但是，話要投機，就要講者、聽者都能參與。

大人之間溝通的原則，也該用在大人與青少年的談話中，不同的是，年輕人更容易被威脅，缺少安全感，常常不敢講出自己真正的意見。誰也不願冒着被奚落、被否定的危險。也沒有孩子願與每次爭吵都要贏的大人玩山大王的遊戲。

溝通的藝術──與青少年的溝通

■麥道衛 Josh McDowell

只有家規而無親情，勢必導致叛逆。

這種情形，一而再，再而三地發生在許多家庭裏，孩子做出違背道德的事，父母就會問：「這怎麼可能？我們已經很清楚地教導她聖經的教訓了。」我們可以在家中訂下種種規條，但是若沒有與孩子建立親密的關係，將來面對的，將是悖逆，而不是回應。

好的親子關係，建立在彼此的尊重上。如果你尊重孩子的權利，他們也會尊重你的，而尊重始於聆聽。如果你覺得人家注意聽你的談話，你就會覺得受尊重。在哈姆雷特一劇內，莎士比亞如此說：「把耳朵給人，但把嘴巴封上。」雅各說：「要快快的聽，慢慢的說。」（雅一：19）。愛爾蘭有句諺語：「神給了我們兩隻耳朵，一張嘴，所以我們聽的要倍於說的。」

作父母的常小看了孩子所面對的難處，他們的難處從我們的角度看，可能是件小事。但對於缺少處世經驗的孩子來說，所受到的壓力絕不會小於我們所面對的難題。但我們常回以「哦！這沒甚麼嚴重！」而打發過去。

當他們面對困難時，我們要機警地把握這影響他們的機會。我們可以伸出擁抱的雙手，給予適當的鼓勵，分享我們的人生經驗，與他們攜手共度難關。其實更多時候，孩子最需要的是一對能專心聆聽的耳朵。此時最忌，長篇大論，插手接管。

溝通更重要的一點是，要讓孩子講完。這就是我的毛病，我常常喜歡打岔，不肯等他們說完。但孩子們希望能讓你知道整個情況。他若覺得你不想聽，他們就會緘默不言了，或許你只聽到幾個片段，卻不能體會他們心中真正的感受。

我們作父母的，覺得應該常引經據典地給予忠告；事實上，我們只需多多傾聽就夠了。最近有個青少年告訴我說：「你知道嗎？我想告訴我父母一些事，但我一開口，他們就開始引用聖經。我才

不想聽他們說教，我只希望他們能聽聽我說。」

　　要專心聽孩子說話可能很困難。我們腦筋領會事情的能力及速度，比他們說話要快得多。因此聆聽時，很容易心神恍惚，在同時也想些別的事。為此我需要心中常不斷地提醒自己：「你能再重複孩子所說的話嗎？」

　　好的溝通不但靠耳聽，也用眼睛聽。注意一些舉止神態——孩子的眼神如何，姿勢如何等。如果疏忽了這些無言的溝通線索，你很可能就錯失了一部分他們想溝通的信息。

　　有些父母很有心聽，但孩子就是不願談。如何鼓勵孩子敞開心懷、開口說話呢？

　　首先，父母應走入孩子的世界，學着從他們的角度來看事情，這樣才能發展出共同語言來溝通。我已經四十四歲了，要我以中學時的心態來了解他們，實非易事。但我儘量地學着去聽他們的音樂，讀他們的書，認識他們的朋友，了解他們的沮喪，並懂得他們的笑話。了解他們的世界才能有無阻的溝通。此外，因為立場的不同，我需要斟酌我的用語措辭，才能對他們產生影響力。

　　與孩子們一起玩他們喜愛的活動時，溝通就容易多了，例如滑水、足球、籃球、跑步，或煮東西。因此我利用家後面的二畝地，闢來作足球場，在車房後面，我也建了一個籃球場。我有個朋友想了個更棒的方法，與他三個孩子在禮拜四晚上同修一門課，修了一個學期，那門課成為他們家討論的主要題目。他們不但一起做功課，星期四早上還一起到外面吃早餐，討論上課時所學的。

　　其次，父母若要鼓勵孩子開口，就要遵守一些基本原則。與青少年談話，保守祕密尤其重要，如果我把他們的心事告訴別人的話，立刻就會失掉他們對我的信任了。

　　承認己過也很重要。孩子大概不會記得我對人溫和良善的時候，但卻記得我失控發脾氣的時候。如果我想掩飾自己的失敗，一定騙不了孩子，反而教導他們去遮掩自己的過犯。因此，我們應坦然承認過錯，並藉此機會作自己與孩子該學的教訓。

　　當與孩子們處得融洽時，有時我也會告訴他們一些自己童年不愉快的往事，例如曾與父親之間有衝突，事後又如何解決了那些問

題。聖靈把這些都放在他們心中，有天他們遇到類似的難題時，就會想起來該如何做，而不會覺得我在說教了。

稱讚與鼓勵是激發孩子向上最有效的方法。我每天試着用各種不同的方式去稱讚孩子至少二十五次。例如他們做的工作有多麼好，或是他們看起來多麼神采奕奕。我常會得到正面的反應。如果我總是批評帶譏諷，他們也會用同樣的態度刺回來。擁抱與拍拍肩膀，也是接近孩子的重要方法，即使是青少年也需要這種接觸式的溝通方法。所以無論他們傷心時或快樂時，給他們一個擁抱，深願你們能享受彼此擁抱的樂趣。

與孩子的溝通，就像與任何人的溝通一樣，需要多問問題。如果我不事先計畫好，擬出問題，我所講的，多半都是我自己喜歡的。但若我問對了問題，孩子們就會談到他們所關心的事。當他們放學時，我會問：「今天有甚麼特別的事嗎？有甚麼你不喜歡的嗎？」除了知道些事實之外，我也鼓勵他們表達內心的情緒，「當朋友承認他欺騙了你，你心中的感覺是甚麼？」

發問對我與孩子的溝通幫助很大，這樣做，不但可以得到很多很好的意見，同時也使他們覺得，他們對我很重要，他們所說的也是很重要。幾年前，有一次我正在準備一篇關於「饒恕」的信息，於是我把孩子與朋友的孩子請來，一起吃早餐，並請他們提些建議。孩子們列出為何有些人不肯向神認罪得到赦免的種種原因。他們給了我很好的觀點，也等於在我的事奉中有分。直到今日，他們仍津津樂道該次的經驗。

內人在聆聽方面是有特殊恩賜的女人，也是我聆聽的晴雨表。她會常常提醒我說：「親愛的，你該多花些時間給頌恩，聽聽他說甚麼。」或是：「哪！凱欣下午好像很想跟你說甚麼，但你沒有真正用心在聽她說。我想，你可能該到她房間去與她談談。」有時候，我不知道如何回答孩子，我就提議說：「我們去問問媽媽，看她怎麼說。」內人對我們家中彼此的溝通，扮演着很重要的角色，我從她那兒學到許多功課。

父母應該把與孩子的溝通當作是很重要的事。有一次，我在一個很大的福音教會主持為期一週的特別聚會。除了講道外，有四十

二個初、高中學生與我約談，想要接受輔導。我問他們每一個人：「你能與你父親交談嗎？」只有一個說能。這些學生問得最多的問題就是：「我不知道該如何面對父親，他從來不跟我說話，也從來不帶我到那裏，或與我一起做任何事情。」

如果我們作父母的，把與孩子交談當作最優先的事，漸漸地，他們也就會把與我們交談當作是很重要的事。我發覺，我若想要與家人談得很投機，就得預先計畫。內人與我有時會先預備一些話題，好在晚餐時討論。其他溝通的好時機，諸如送孩子上學、開車去教堂的途中，都可談談他們喜歡或不喜歡的事，內心的感受，及當天計畫想做的事。

若我要開車到某城，總喜歡帶個孩子一起去。最近，我必須去一個離家約二十哩的地方，於是帶了三歲半的女兒一起去。事先，我就預備了五、六個問題與她談談。如果我沒有事先預備，我們就沒有那麼好的討論，而時間也就白白地溜過去了。

睡前是最好的溝通時刻，選擇談話的地點也很重要，可以在父母的臥室或是在孩子的臥室，由於賓主的關係，溝通時就會有不同的感受及氣氛。同樣的，事先預備好話題，才能收到預期的果效。

生活的忙碌很容易會讓我們把與孩子交通的寶貴時間擠掉。有一次，我為了答應出版商趕出一本書，壓力非常大，並且計畫熬個通宵趕工。但兒子這時卻進來了，想跟我談話。我知道他剛看過醫生，醫生對他身高的評語使他非常難過。但那時實在不是我願與他討論這件事的時候。

「麥道衛！」但我最後告訴自己：「你這一輩子都要為截稿而焦頭爛額。你將永遠有事要忙，但卻不會常有傷心的孩子需要你與他交談，好好把握這個機會吧！」於是，我把東西推開，花了半個小時，與兒子談談他的矮個子，告訴他那是他特殊的地方，神造他如此，並且也談一下矮個子的好處與壞處。

有時我有要事在身，無法立刻放下手邊的工作與孩子交談。我本來常說：「乖寶，爸現在不能跟你談。」但是等到我有空時，已經太遲，幫不上忙了。現在我認為最好是這麼說：「兒啊！你知道，爸是想與你談談，但現在實在沒有空。如果你在某個時間再

來，爸就有空了，一定全心地與你傾談。」當我這麼說時，我發覺孩子的反應會全然不同。他們就不會覺得自己是被冷落在一邊，不被關愛的。

孩子小時，若我們表現出對他們的關心，將來他們也會同樣以關心來回報。我們需投下許多的時間與心思，以保持良好的溝通，這是建立家庭關係的基礎，其受益將是一生之久。

與本段有關文字

| 聆聽的藝術

■賴德　Norman Wright

身為輔導，我常看到這種情形——聽人說話時，豎起障礙物，使溝通中斷——我們每個人也都這麼做過。比方說，我們對一些話題、表情或聲調，聽而不聞。有時因急於表達自己的意見，就打斷對方，或故意忽略某些話題。常犯的一個通病是，以為只需用耳朵聽，卻忘了使用眼睛也一樣重要，其實眼睛更能觀察到一些無法言傳的東西。

我們也常作出一副能洞察人心的樣子，猜測對方將要說甚麼，「真正」的含意是甚麼，甚至說話的動機。因此，在別人說話時，自己腦海中卻盤算着自己所想說的話，同時也把自己不想聽的事實及感受濾掉。

有些障礙在父母與青少年的溝通中尤其普遍，其中最嚴重的一項，就是論斷。例如，我們心中想：「喔！他不過是個孩子。」於是對他所說的話就打折扣。或者，我們自認為是最了不起的輔導

家，不管孩子們說甚麼，我們心裏都在想：「我要給他一個最好的答案。」我們常常因過於忙着思考如何回答，結果可能造成了答非所問的情形。

這些障礙是可以除去的。如果你眞的想聽孩子說話，就先得把手邊的事放下，看着他們。因爲彼此的溝通，泰半是要靠聲調與身體語言來表達的，我們應聽聽年輕人所無法用言語表達的意思。

當孩子說話時，要知道他們的心情是處於平靜理智呢？或是煩躁不安？若要把他們引進一個可談話的狀況，首先要能了解並舒展孩子的情緒。把他的心情用語言幫他表達出來：「你對這件事好像非常不滿意！」或「看來你今天過得很開心！」

如果你的兒子剛進家門，你看了他一眼便下結論：「喂！我知

幫助孩子聽話的藝術
■卡尼
Glandion Carney

父母需要一點技巧把話送進孩子的耳中。

首先，跟據你孩子的個性，別出心裁地把老生常談活潑化。設身處地的想一想，這話他聽後反應是興高彩烈地接納呢？或是聽得百般無聊，甚至反感叢生？

其次，建立融洽的親子關係。這點更爲重要，且需長期下工夫。花時間陪孩子到他想去的地方，談他所熱衷的事。也帶他去你所喜愛的地方，談你的興趣。當你們這密切的關係建立起來後，你對他們的期望及要求就絕不會被誤認成想命令或挾制他們。

你若能費盡心機如此鍥而不捨地做下去，即使偶有負面的衝突也不會影響你們親密的關係。當引誘試探來到時，他們也能記起你愛心的誘導，而作出正確的選擇。

道你一定很累了！」可能招來頂撞的反應。若是你收集了觀察資料後，換個方式說：「孩子你還好嗎？你不像往常那麼活潑高興，沒精打采地好像有點傷心。今天學校發生了甚麼事嗎？」這樣你就打開了交談之門。

我們也應注意到孩子們的聲調——是高興、低落或不友善，這些傳達出比言語更深一層的信息。

不要遽下結論。學習印證孩子話中的線索，確知自己聽得沒錯。你可以這麼說：「若我聽得沒錯的話……」或是：「喔！這麼說來，好像這事真的很困擾你呢！」

孩子知道你在專心聽他們說甚麼，就能鼓勵他們願意把內心的世界表達出來。你若能簡述他所說的，那你傾聽的誠意就更表露無遺了。

你也可以與配偶練習一下這種「複述」的技巧。讓他說兩分鐘，然後簡述一下你所聽到的。然後，讓他說的時間加長，三分鐘，之後，五分鐘。你聆聽的技巧就會漸入佳境。我們在婚姻座談會中時常使用這技巧，大家都因為自己能記得那麼多而覺得稀奇。

也有時，他們沒預備好談某些事情，你即使用完所有的交談技巧，還是不能打開話匣。你就得主動地提出：「好呀！無論何時你想談的話，只管來找我。」然後就不要再提，並禱告求神多給你耐心。

「複述」不容易，更難的是要避免論斷。有時孩子話才說了一半，父母就插嘴打斷，並下結論。但是，一個好的聽眾，應該聽對方說完，並接納他所說的。

這倒不是說，我們要同意孩子所說的。應該讓孩子有這樣的體認：「我來向你傾心吐意，深知你會接納我有不同的想法——即使我所說的你們並不能全然認同。」

如果你很容易在論斷上「短路」，那麼就試一下拖延法。事先提醒自己：「不要馬上下結論，至少要先問三個澄清事情的問題，才開始作答。」如此，就能收集到許多意外的資料，也不會使孩子懊喪地認為，父母不能了解，只知插嘴、自以為是。的確，當遇到麻煩時，父母直覺地反應常是自我辯護、發怒或怕孩子不受管教。

懂得傾聽孩子說話，應該從孩子小時就開始。若你的孩子已是青少年，而在這方面你尚未做到的話，可能應該坦誠地對孩子說：「過去媽媽在傾聽你說話的方面做得不够好，非常抱歉。以後若是你發現媽媽沒有仔細聽你說話時，請提醒我。希望我能逐漸改進。」

學習聆聽的藝術是要付上時間的代價。當家庭的成員漸漸成長，若我們只是在分秒必爭的生活步調中倉促溝通，很明顯地就會感到：「說也沒用！」但我們若肯花些時間聽聽自己或配偶的內心世界，或安靜在禱告中聽主的話，我們也就能用這些心得，去聽到青少年孩子的心聲。

與本段有關文字

彆扭時期——孩子不願開口時

■甘貝爾　Ross Campbell

若我問人一個問題，多半希望他至少回句甚麼話。但是，大部分的青少年，在他們成長中的某個階段，似乎覺得回答父母是天大難事。不管問題是甚麼——「今天上學好嗎？」「有沒記得去剷人行道上的雪？」「要不要去看電影？」——他們惟一的回音就是來自喉嚨裏的咕嚕一聲。這種「彆扭」時期是青少年成長中很正常的一部分。而這種時而想與父母保持一點距離的現象是不由自主的，連他自己也無法控制。

當孩子到了彆扭時期，父母應認清這時候的孩子，好像兩歲大

似的，你無法勉強他做甚麼。父母若不知道這竅門，將會遇到很多挫折。例如，藉着不斷地問他問題來打破隔閡。有時勉強他開口，反而把事情弄得更僵。此時青少年所暫時需要的，可能是一點自己的空間、一段與人之間的距離。這時該是父母儘可能忍耐的時候。

在這尷尬的時期中，父母可以藉身體的接觸來傳達關心與愛意。當他們在看電視、看書或做白日夢時，作父母的可以過去溫柔地摟一下他們的肩膀或輕輕地拍拍他們的背。雖然此階段他們對周遭的事不太警覺，甚至跟本沒注意到父母的小動作，但這關愛的信息在潛意識中他已感受到了。此外，父母也可獻點小殷勤；在大熱天當你為自己倒杯水時，也順手幫孩子倒杯他喜愛的飲料。要做得自然。

父母也可以安排時間與他們在一起，讓他們不會覺得必須做甚麼，或說甚麼。不同的孩子，喜歡不同的情況。對女兒凱莉，我總會帶她去一間排長龍的餐館吃飯。我最討厭排長龍時的等待，但這是與她在一起的大好機會。排隊也沒有加給她一定得講話的義務。

至於兒子呢，只要是帶他去練球，看電影，或是用車載他到任何地方都好。我不必說甚麼話，他也不一定要說，這對他一點壓力都沒有。

即使是在毫無壓力的情況下，也要過一段時間孩子才會說話。凱莉通常需要排隊站了半個鐘頭之後才會開始講話。開始時也只是講些無關痛癢的事，然後才會說得深入一點，最後才會說出心裏的話。

青少年不願直接地把嚴重的問題拿出來談，不想被父母逼到走投無路，也怕自己的私隱被父母任意擺佈。所以常會在事先佈局一些察言觀色的問題，有些問題甚至會激起父母的怒氣，為的是考驗父母是否是一位能推心置腹交談的對象，若能通過這一關，他們才會講出真正困擾他們的事。有時候我通得過他們的考驗，有時卻通不過。

他們試驗父母的另一個方法，就是選擇最糟的時間，來試一下你是否真的願意聽他們說話。他們最懂得抓時間了！比方說，我要開會，已經要遲到了，他們卻等到我一隻手正穿入外套的那一剎那

才說:「嘿!爸爸,能不能給我一分鐘?」

有時候,一向有好溝通的孩子,也會突然開始不講話。他可能是情緒低落,也可能是在生悶氣。如果這種情形持續幾天,甚至幾個禮拜,而毫無停止的跡象,那我們就知道有嚴重的問題需要對付。

一般來說,這種不願開口的彆扭時期是間歇性的。當他們陷於此期間時,我們應避免做虛工。雖然父母不可能全天候的隨侍在側,等待溝通的時刻。但只要我們花上足够的時間在孩子身上,必然能及時地抓住這些溝通的機會。

與本段有關文字

找時間聽他們說
■賴德
Norman Wright

「我現在沒空!」我常在忙亂中對孩子大吼。

「你看!我正在做晚飯,累極了!你難道不會選一個更好的時間來和我說話?」

其實我們大人該比孩子更知道如何控制自己的時間,他們要上學,課外活動、工讀、再加上約會等,所剩下的時間並不多。或許我們大人應有個彈性較大的時間表,好應孩子們不時之需。

這是不容易的。我們自己也常被不順心的事所困擾,心中或許會想:「都沒有人來聽我講,我也不要聽他們的。」但是,那些體認到聆聽之重要的父母,這問題應該變成:「我的時間都用到那兒去了?我為甚麼

要這樣使用時間？難道這些真的比與兒女在一起還重要嗎？」

沈默以待

■康威夫婦　Jim & Sally Conway

　　或許我們不該問為何孩子不願溝通，而是該問，為何他們要和我們溝通？身為父母，我們是否花心思做了些甚麼來促進交談、增進彼此間的友誼及情趣？父母對孩子是否有「你點燃了我生命」的功能？你的孩子是否會說：「有時候我喜歡在家與父母在一起？」或是他們認為，回家真是無可奈何的事？

　　機警的父母能察覺到，孩子正受某事困擾，並切斷溝通管道。如果孩子正在苦思某個問題，有時需幾小時，有時甚至要幾天的時間來單獨地反覆思考。這是正常的成長過程。父母不要急着窺探究竟，卻要讓孩子知道，若有需要我們隨時願伸出幫助的手。父母可以主動地說：「你知道爸很愛你，也注意到你比往日沈默，好像是有甚麼心事似的。爸很關心你，也為你禱告，有甚麼事你願跟我說嗎？」如果孩子回答說沒有，父母就不要勉強。曾有過，內人或我就只能關注地伴着孩子，不是一副要挖掘隱私的樣子。我們隨便聊聊，女兒感受到輕鬆開放的氣氛時，就會啟齒說出困擾她的事情了。

　　有一次，女兒被家裏的一個朋友，以色情的方式引誘她。雖然並沒有真的發生甚麼事，但他勉強她的事實卻嚇壞了女兒。最令她生氣的是，他還是家裏的朋友。幾天下來，女兒異常暴躁、易怒，直到有一天她終於講出了那遭遇。當她努力在克服自己的憤怒與懼怕時，我們應敏銳地等待她自己願意開口的時候來到，並且能像朋友一般地關心她。

　　有時候，孩子們不願溝通，因他們覺得我們不是他們的朋友，或是會在某件事上持反對的意見。

　　就算是成人，雖是密友，有時也不想跟對方說話。大人既然可以這樣，孩子當然也不例外。當然長此以往也是不好的，父母應反省一下自己的態度，看有沒有造成彼此隔閡的地方，也應檢討一下家裏的氣氛如何。

　　有一次，女兒向內人吐露對某個男孩子的看法，後來卻聽見媽媽在電話中向別人重複她的話，這造成了彼此溝通的負面影響。正因為她相信母親，才肯透露心事的，而現在母親卻破壞了彼此的信任，令她覺得非常難堪，於是她決定再也不告訴內人對任何人的看法了。內人後來花了好長的一段時間，才重新培養起女兒對她的信任。

　　父母若能向兒女承認自己的過錯，會幫助彼此的溝通。有一次我們去拜訪親戚。那時孩子們還小，做錯了事，內人過於嚴厲地責備了她們。後來她發覺自己太暴躁時，就向她們道歉。那親戚後來告訴內人，不應向孩子們道歉，因為那樣會顯示出自己的軟弱及不完全。但事實上，我們的確不完全。孩子還小時，他們就已看出了這個事實。當我們犯錯而又肯向孩子道歉時，並不會減少孩子對我們的尊敬，他們反而會因我們的誠實而尊敬我們，而誠實正是打開彼此溝通的鑰匙。

與本段有關文字

「主啊！我在敬聽！」
■青少年歸主協會
編輯室

今日的青少年，沒有六〇及七〇年代的孩子那種表達自己意見或問題的自由，溝通的內容往往成為青年人彼此評論的把柄。無論說甚麼、問甚麼，或表情如何，都可能導致同儕的排斥。

大人呢，則比較穩定開放。我們會表達自己的意見而不讓自我意識受傷。因為我們已學到，反對我們某個意見，並不代表排斥我這個人，但青少年卻不然。有時，我們真想在他們眼前揮揮手，看看他們的心到底在不在。

沒有反應——無論是正面或反面——都會使溝通無法繼續下去，因為溝通乃是彼此交換資料，建立共同點的方式。

身為青少年的父母、祖父母，或是關心他們的人，相信你至少有一次與他們溝通而覺氣餒的經驗。但是，你曾否想過，多少時候當天父要與我們溝通時，我們也一樣固若頑石，紋風不動。

我們自以為：「神既然給了我們智慧與知識，若去與祂討論問題，豈不等於是將自己的責任又丟回給主？」所以我們便切斷與主的交通，一副讓神看看我們有多能幹的樣子。

很可笑，不是嗎？我們不正跟那些不肯問問題，不肯表達自己情緒的青少年孩子一樣嗎？有時候，我們向孩子大吼，好像希望在理講不通時，聲音或許能吼得通。有時候，神也只得向我們大「吼」，把我們擺在一種情況下，只有祂的能力、祂的愛及智慧

才能把我們喚醒。

溝通的挑戰我們都經歷過。我們知道要用甚麼字眼，該說甚麼話，但至終還得將這一切交託給主，當聖靈作工時，人才能聽得進神藉着你所傳達的真理。

讓我們同心表達神的愛，同時，也讓聖靈的工作在我們身上通行無阻，這樣才能把神所賜給我們的時間、才幹與精力發展到極限。

「主啊！請說，僕人敬聽！」

簡報時間──溝通之鑰

■勉恩石夫婦　David & Karen Mains

關於父母與青少年孩子缺乏溝通方面，大家已談了很多，我們倒是找到一條確保彼此溝通順暢的方法，我們稱之為簡報時間，那是單獨與孩子談談他們生活中大小事情的時間。

父母如何安排這時間，各人不同。我們夫婦倆都有很多活動，經常外出旅行，但我們甚願花些時間，專注在孩子身上。因此，我們特意安排自己的作息表，好讓孩子們最想與我們聊時，我們有空。有些孩子在放學後最願聊，有些則在臨睡前。

作媽媽的凱倫通常在孩子放學時，聽聽他們一天的簡報。她把它變成例行工作，只有偶而遠行在外時才暫停。

作爸爸的大衞，則在每週六早餐上聽簡報。通常他輪流帶一個孩子出去吃早點，並聽聽他生活的點滴，孩子們非常喜歡。後來兒子倫帝離家念大學，放假回家後，大衞沒有再帶他出去吃早點，使他感到悵然若失。直等到大衞發覺那段時間對兒子有多重要時，又即時恢復了簡報時間的習慣。

　　不管我們在何時聽取簡報，我們都有一個共同的目的，就是利用該段時間，知道孩子們的生活情形，也將我們的生活點滴告訴他們。

　　簡報通常的開場話題是：「今天怎麼樣啊？」我們真的很想知道他們的情形，如果答案是：「還好！」我們就會說：「有沒有甚麼好的，或是不好的呢？」儘量鼓勵他們多說。

　　由於我們很珍惜這段時間，藉此我們可以融入孩子們的生活作息之中。所以在我們當中有一個人出差回來時，我們就會向他作每天的簡報。例如，當大衛去印度三週，回來後，他告訴我們所遇到的奇聞軼事，而我們也告訴他家中的大小事情。有時候我們也作筆記，免得遺漏要事。

　　這麼做後，讓我們覺得心靈情感有親密的交流。無論發生何事，都有人可分享或聆聽。而這樣的分享，雖然只用了孩子放學後的十分鐘，但他們就已覺得與我們有了溝通，我們也知道他們生活的情形。全家人息息相關，彼此扶持。

　　而這段時間，也讓我們能暢談各事。事實上，大一點的孩子，經常跟我們說：「爸媽，很謝謝您們。我們覺得能跟您們談任何的事，舉凡世上的同性戀啦，或是心中掙扎的不良心態啦，抑是生活中的糗事等，都能暢所欲言。」

　　有時候，在輕鬆自在的家庭時間裏，我們也會把簡報稍變花招。例如：在長途車上，我們就玩「某人的缺點與優點」的遊戲。通常開始都是：「爸爸那方面好，那方面不好。」孩子們有時候也頗不留情面，但是漸漸地，他們也會軟化，因為知道等會兒就輪到數說他們的好壞了。

　　當論及某人的缺點時，為了要具有建設性，我們在結尾常加上一句說：「我該如何幫他呢？」如此做，我們就會察覺到，自己從未曾鼓勵對方去面對他該改的毛病。

　　我們也儘量彼此平衡。例如，如果媽媽對弟弟有微詞，作姊姊的可能會從另外的角度，觀察到弟弟其實已真正試着去改了。這樣就比較能從更廣的角度去看那問題。

　　如何說「進諫之言」是一項高難度的藝術，其中之一就是在時

機的選擇上非常重要。很多基督徒常在他們氣到忍無可忍之時才去責問對方，那是最糟的時刻。應該選在輕鬆、親愛的氣氛下進行。如果姊姊正是處於情緒危機時，我們卻給她些鹵莽的建議，那絕非明智之舉。若在輕鬆的情況下帶入，她就較能理智地接受而從中長大，也不會被建設性的批評所威脅。

如果家中希望有這樣的簡報時間，父母就得甘心被批評。正因如此，簡報可由他們開始。或許在晚飯時間，父母能讓孩子們說說爸或媽的缺點與優點。如果孩子們看到父母毫不困難地接受勸告，輪到他們時，他們就會比較開放。

最好從小就養成孩子簡報分享的習慣。要讓他們知道父母絕不會輕看他們所談的，或是用來做人身攻擊。例如：「眞笨」「好蠢！」「不可理喻！」等類的字眼要禁戒不用。取而代之的則是「啊！這眞是有意思。」或「告訴我你的看法如何。」來鼓勵他說出心中的意見。

有時候，若合適，我們也會讓孩子自己決定要告訴我們的事。例如，裘兒現在參加搖擺合唱團，事實上，那是個舞蹈團。當他回來告訴我們時，我們忍不住在心中嘀咕：「老天！那跟我們長大的模式是多麼不同啊！」但和他談過之後，我們讓他自己作決定。他的決定，可能不是我們所想要的，可是，我們很高興他來告訴我們，並與我們商量。事實上，我們也定意讓孩子運用他們如大人般的決定權（無論是到了那個程度）。

當然我們還是從中督導、指引，但是因為讓他們作最後的決定，他們就覺得我們珍愛、尊重他們，並知道他們已盡了能力去分析自己所作的決定。

隨着年齡，孩子們在各方面不斷地成熟，我們也給予不同程度的決定權。但是，有時還是得介入爲孩子作一些決定。例如，當裘兒半大不小時，他認爲自己可以約會了，但我們不准。爲此，他頗不高興。我們不是一副很權威的樣子來爲孩子作決定，而是向他解釋爲何要這樣規定的原因。大家談過之後，他也就尊重了我們的決定。

這些都是與孩子一起成長中學到的經驗，孩子小時尚易處理，

當他們進入青少年期時，應該給多少決定權，就很難定奪。搞砸時，我們一定會承認，也向孩子道歉。我們是盡量地去改進，在經驗中成長。相信今日比昨日好，明日比今日更好。

與本段有關文字

第一冊第四章　撥空陪孩子的重要性

第三冊第一章　聆聽的藝術

第三冊第二章　溝通是人際關係的基礎

聖經對溝通的教導

■青少年歸主協會編輯室

我們都知道話語的能力。它能使人覺得溫暖、親愛而蒙造就；或是帶來怒氣、仇恨、疏離等可怕的感覺。因此溝通在家庭中的威力，更是彰顯無遺。在聖經中將舌頭比擬為船的舵，或燎原之火。溝通的問題與解決之道亦是如此。我們來看看聖經中對與神及與家人的溝通有何教導。

你可知道，溝通不是叫人「聽到」你說甚麼，而是讓人「懂得」你在說甚麼？換句話說，不是你說了，別人就一定聽到或聽懂了。

一、與神溝通的方法：

　1.讀神的話——提後二：15

　2.禱告‧禱告彰顯了你對神的信靠與順服

　　‧太六：5~7——如何禱告

　　‧太二十六：41——為何要禱告

　　‧路十一：9~10——禱告的結果

二、與青少年溝通——三步驟。作為父

母的一大任務，就是引導孩子從倚賴、成長
到獨立。良好的溝通──建立共識──幫助
青少年長成獨立、成熟、像基督的成人。其
主要步驟如下：

1. 觀察
2. 聆聽
3. 詢問　· 多問少回答──（不要問
　　　　　「是」或「不是」的問
　　　　　題。）

　　　· 不同意時，講出原因──交
　　　　談

　　　· 容許不同意見的存在（但是
　　　　仍應立下行動的準則。）

　　　· 不可面露輕蔑──而應表達
　　　　關愛。參考經文：弗二：20，
　　　　四：25~26，六：4；詩三十
　　　　七：7；林前十三：1~13。

三、見證自己的信仰──言行合一

　　　· 羅一：16──「我不以福音
　　　　爲恥！」

　　　· 太五：13~16──以行動溝
　　　　通。

　　　· 太二十八：18~20──以言
　　　　語溝通。

　　　· 弗六：16~20──爲能剛強
　　　　壯膽地傳福音而禱告。

溝通的殺手

■賓西　Gary Dausey

你會閱讀這本書，很可能是因為神賜給了你一個孩子。望着小嬰兒，那小小的手指、腳趾及可感受到的靈敏，還有小臉上不時出現的微笑，都讓我們衷心讚歎神創造的奇妙。

漸漸地，孩子開始學說話，再過些時候，單字已能串成句子，用來表達他的思想。不需太久，孩子就會開始試試自己話語的威力，「我不要！」或是「不好！」他（或她）還會把用在爸媽身上的字眼也用在哥哥姊姊甚至爺爺奶奶的身上，看看反應是否一樣。

等孩子再大一點，問題就複雜多了。正當父母想誘導孩子從倚賴時期長到有責任感的獨立時期，孩子對父母意志力方面的考驗也就更強了。

在這個成長的過程中，父母與孩子之間能通暢無阻地溝通是絕對重要的。我們常想藉話語彼此溝通，但是又經常發覺所講的字句是那麼地不管用。

密西根州立大學的沙賓教授 (Gorden Sabine) 曾作了一項調查，研究青少年人與父母之間溝通的情形；共有三千個青少年及其父母參與研究，研究的結果顯示，百分之七十九會談過的父母都認為自己與孩子有溝通，但是百分之八十一的青少年卻反應父母並未與他們溝通。

在青少年時期，所交的朋友、金錢的使用、衣着、功課，及對事物的眼光，還有生活方式，都是造成父母兒女關係緊張的焦點。若父母處理失當，就常在無意間把關係着兒女成長的溝通管道給切斷了。

以下是我認為家中溝通最兇惡的殺手：

● **典型的貶抑**。損人的笑話，或是不經心的批評，諸如「你甚麼都做不好！」或「你甚麼都不懂！」常傷到孩子的自尊心。在缺乏安全感的青少年期中，孩子絕不願自找新的麻煩。他寧可從交談溝通中逐漸退縮出來。

●**提高嗓門**。大部分的爭論在一定時間後，聲量一定會提高。有一方爲了強調自己的看法，而另一方爲了抗衡，於是嗓門愈提愈高，直到最後彼此對吼。這種情形之下，很難有甚麼成效的。

彼此尖叫，似乎是人們很自然的反應，每當我們很懊惱，覺得不能說服對方他是錯的，我是對的時候，就會這樣尖叫。我有個朋友，他學到在辯論中放低聲量的能耐，其結果眞是不可思議──每當他放低聲量時，對方通常也會如此做。你曾否用耳語般的聲音，與別人激辯一場？當然啦，這種能耐不是每個人都做得到的。但是每個人卻都可以了解到，提高聲量並不能說服對方。

●**過於囉嗦**。很多父母跟兒女說過一件事後，常囉嗦地重複不停。這樣，除了增加彼此溝通上的困擾外，成就不了甚麼事。

其實，你可以肯定，在你說第一次時，孩子已聽到了。不信的話，試試看，講一些本不打算讓他們知道的事就知道了，即使他們已走到走廊，或進了房間，開了收音機，還是聽得很清楚呢！

他們在你說第一次時不作任何反應，乃是因爲他們知道你會再說一遍。若想彼此溝通有效，父母先把事情交待清楚，並確實讓孩子知道，若不照章而行的必然後果。父母若不嚴格執行約定的後果，孩子很快地就再也不把我們的話當眞了。

●**吵離了題**。有時候因着某事而起衝突，但後來卻演變成漫罵。如果你開始使用一些字眼，如「你從來不肯……」或是「你總是……」就知道已經犯了這毛病了。此時再想改變對方的看法或行爲的話，那機率是非常微小的。通常只會導致雙方愈來愈不愉快罷了！

●**壞了形象**。通常我們對自己所尊重的人的反應都比較好，如果孩子因着某種原因對父母失去了尊重，那麼彼此的溝通就很受限制了。孩子們企盼的是有比他們更冷靜睿智的榜樣。如果看到我們在生活形態上言行並不一致時，我們所說的就都歸於徒然。

●**無言的表達**。任何人與聽力有障礙的人一起生活過，就會知道活潑的溝通並不一定靠言語，因爲他們學會了對視覺訊號的反應。但視覺訊號並非聽障者所專有，我們都會發出及會意這種訊號。聳肩、昂首、交臂和板臉等都在強調或淡化我們說話的內容。

我們應清楚自己的肢體語言，到底是助長或是妨礙了我們與人的溝通。

●**未卜先知**。如果你眞的很了解某人，你就會料到他將要說甚麼。但有時候猜對了，有時候卻是錯的。可能你是從片斷的資料中作一個結論，而對方卻從全部的資料中導出不同的結論。要有良好的溝通，必須讓對方將事情講完，不要中途遽下結論，或不再聽對方還要繼續說些甚麼。無論如何，不要在心中，或是口中直接爲對方講未說完的話。

●**充耳不聞**。神給大部分的人美好聽力的恩賜。別人說話的音波能被我們耳朵錄下，變成電流振動透過神經，傳至腦中，我們就能了解對方藉着話語所表達的思想。雖然我們擁有這麼奇妙的恩賜，可是，大多數人的表現就好像自己那對耳朵是由石頭造成的。

有一次在一個家中，我親眼看到一個年輕小伙子試着向父親述說一項他認爲對他、對父親都很重要的事。就當他熱切地說個不停時，他父親卻探身拿起一副耳機戴上，把他兒子完全隔絕於外。

我願提醒大家，如果不聆聽孩子們的話，我們就不能與孩子有坦誠的溝通。

●**新聞廣播站**。很多青少年都覺得自己被困在情感和對生命感到迷惑的叉路口，很需要有人談談。但是他們希望自己所選擇傾吐的對象，是絕對可以信得過，又能守口如瓶的。一旦孩子發覺你將他所告訴你的去與別人分享時，彼此的溝通馬上就會中斷。雖然他內心裏可能正吶喊着需要幫助，但表面上卻不會再向你顯露，因爲別人的尊重對他來說極爲重要。

●**環境狀況**。有時我們會注意到一隻飛蟲跟在車外，以車行同樣的速度上下飛翔，爲何即使車速加到五十五哩，它也如影隨形地在車旁飛舞？你有沒有想過，即使是一位保守型基督徒所穿的海灘裝，爲何不適於穿去教會？兩者答案的關鍵是一樣的──事情的發展與當時的環境有極大的關係。彼此溝通時的環境狀況與溝通時所說的話是同等重要。父母與孩子若是處於充滿愛及接納的狀況之下，溝通渠道自然暢通良好。反之，環境氣氛中充滿了指責、鄙視及憤怒，其效果是可想而知了。

●**背景心態不同**。如果你曾到過外國旅行，而又不會說當地的話，就會了解不能溝通的懊惱。除了語言，文化上的差異也是很難了解的。

一般而言，父母與孩子說的是同一種語言。但是，有時也得讓

避免火藥味的字眼
■賴德
Norman Wright

即使你與孩子的看法十分不同，但要小心不要用我所謂「火藥味的字眼」。比方說，避免說些「你好像很恨那人。」例如「恨」這種字眼，因它帶有批判性，又強烈，最容易觸及爆發。試着溫和地說：「能不能再說得詳細一點？」或是「聽來你很懊惱！」

慢慢地，再進一步說：「你認爲該如何來解決這個問題呢？」讓孩子們先提出解決的方法。因爲你的反應出乎他們的意料之外，他們就比較會敞開心來談，也終止了他們一向的臆測：「媽一定會不高興的。她一定是叫我少說話，我一定得不到甚麼結論的。」

當父母的反應出乎意料時，孩子們就會放下自己的防禦之心，這時，雙方才能眞正地溝通。

當然，有時孩子的行爲太離譜了，所以氣氛變得很緊張。我們也知道，如果繼續講下去的話，火藥字眼一定滿天飛。在這種情形下可說：「謝謝你讓我知道你的感受。我想我需要點時間來想想看。過兩個小時我們再一起來談談好嗎？」

你的兒女教教你新流行的俚語。聽到父母用錯流行俚語，是最讓他們尷尬不過的了！

很希奇的是同住在一個屋簷下，青少年與父母的文化差異，好像有幾個世界之別。即父母視爲很重要的事，對兒女而言，卻似乎一點都不重要。反之尤甚。

我們其實也不必改變自己的文化背景去迎合他們。但是，試着從他們所注重的角度來選用我們的言辭倒很重要。孩子都會與當時年輕人的文化認同，如果硬要叫他們有些改變，其結果通常是他們寧可選擇中斷與父母的溝通。

還有許多的因素會破壞父母與兒女之間的溝通，上述只是其中的一些而已。與其消極地結束本文，倒不如讓我提一些能幫助家中彼此溝通的方法：

●**事有輕重之別**。我們很容易把所有的爭論都以同等的程度看待。事實上，亂七八糟的衣櫥不應與吸毒或性行爲同等視之。

●**眼光長遠**。爲了長遠之計，有時不妨在眼前的事上稍作讓步。基督徒父母的任務，無非是按着聖經的原則及標準教導孩子，使他們成爲獨立又有責任感的人。我們與孩子在一條很微妙的線上一同前行，重要的是不要失掉他們。如果父母在一些不是很重要的事上，嚴苛不放的話，就很容易會迫使他們越過那條微妙的線。如果在不違背屬靈、道德或倫理的原則下，作法帶着一點的彈性，那將是上上策。

●**坦誠相對**。在適當的時候，可讓孩子看到父母自己輭弱的一面，讓他們看到你在不同的事上內心的掙扎。當自己錯了時，要坦然承認。其實他們可能已經知道了。否認它，只有使他們失掉對你的信任。

●**獎懲要公平**。如果他們覺得都被公平對待時，溝通就容易多了。

●**製造機會**。表達對他們的信任。無論他們多大了，都不用怕，要對他們說出你的愛。在愛與信任的氣氛下，溝通效果最好。

●**同工作、同娛樂**。與孩子們一同做些手藝，在活動中孩子可能比較容易打開心門。例如一起煮點甚麼，或一起修車，或一起去

露營。有時應是母女一起，也可以是父女、母子或父子一起。

●**孩子身體及情緒的健康**。有時候，在校的成績會造成家中的緊張，那可能與怠惰、疏於管教有關，若是如此，就應針對問題來處理。學習遲緩的問題，有時是因視力或聽力有障礙。有時因不知如何分配利用時間。兩者處理的方法全然不同。如果你對問題的狀況沒法掌握的話，應該請教於專家。

沒有甚麼比看到一家人同心協力，和樂親愛更叫人滿足了。這樣的家庭，極少是自然產生的，而是需要家中每個成員付上許多的忍耐與努力。

家庭是神的精心創作。不只是我們，神更願意人人都能享受到甜美、成功的家庭生活。不單要靠人的努力，更要靠每日在神面前的禱告，及整個家庭對主的投入與獻上，才能產生出健全的家庭。

與本段有關文字

導言：對發育中的孩子，你真正的期望是甚麼？

第一冊第三章　作父母的難處及學到的功課

第一冊第三章　怒言相對

第一冊第五章　青少年不喜歡父母甚麼？

第三冊第一章　溝通的藝術

第五冊第三章　何時可以信任自己的孩子？

▎**與青少年談話**──**學習問得中肯**

■卡尼　Glandion Carney

在學習與青少年交談的藝術時，父母可從問得中肯中有所突破。

學習如何問對問題的第一步，就是要學習問得中肯。要知道你有各式各樣不同的問題可問，例如：「你今天過得還好吧？」或是：「你今天過得怎麼樣？」或是：「今天與往日有甚麼不同

嗎？」或是：「今天有甚麼特別的事發生嗎？」每個問題都可有其不同深度的答案。

問題可分兩類。一種是關閉式 (CLOSE-ENDED) 的問題，另一種是開放式 (OPEN-ENDED) 的問題。關閉式的問題如：「今天過得還好吧？」，這樣的問題所得到的答案，將只是「好」或「不好」。大部分的青少年好像都比較喜歡這類問題，因為這樣他們就不需要多說，或多告訴你些甚麼。

開放式的問題如：「今天甚麼事是最令你開心的？」這樣的問題就不能只用「好」或「不好」來回答了。因為問題中誘導了他們要多說一點。而這也意味着把自己打開讓你進入他們的生活圈中。

父母「何時」問問題也很重要。大體而言，生活就是八小時的上班，下班回家，之後與家人一起晚餐。正當孩子想談談一天中生活的點滴時，作父母的，常利用這段時間查問他們當做的事做了沒有。如果平常沒有好好交談的機會，這種審問式的問話如：「功課做完了沒有？」或是：「草地剪了沒有？」只會使他們覺得刺耳。孩子們需要知道你對他們的活動或是對他這個人有興趣。

既然發問是為了收集一些資料，那麼就想想你從青少年孩子身上想知道的是甚麼。如果你想知道他們一天過得如何，或是他的興趣和嗜好，以及他的志向的話，開放式的談話才能達到交談的目的。

有時候，父母落在關閉式的談話中，因為他們所問的問題，與孩子一天過得如何，或他的志向等無關。例如：「你做完了那件事嗎？」或是：「你會在某個時間內把這些事做完吧？」這些問題都帶有教訓的意味，好像是說：「如果我是你，我就……」例如：「如果我是你，我一定會回去找數學老師，把作業問清楚。」這種話既非問題，亦非答案，只會導致反感。

青少年通常都認為，父母對他們的世界不感興趣。但心中卻認為父母至少應該知道，發生在他們生活中的某些重要事件。雖然他們嘴巴上可能會說並不在乎你是否感興趣，但他內心的想法卻是正好相反。

近來在我家中發生的一件事，正是如此。內人與我正準備去牙

買加。整個星期，女兒一直想要去看橄欖球賽。就在我們要出門前的兩分鐘，她問：「禮拜五我能不能去看橄欖球賽？」我說：「不行，你不能去，你在這最後一分鐘才問。我們不知道誰是領隊負責帶你們去，誰會接送你們，整個計畫又是如何。」

這例子說明，孩子告訴我們一些生活中的事，願意父母作主來處理。代表了希望能在父母的權柄保護之下。但父母要拿捏得準，不要做得過分，使孩子感到有壓力，時時覺得被侵犯。尤其在孩子介於十五到十七歲時，更是特別敏感的時期。要讓他們知道你的出發點，是對他們的生活圈子很感興趣。

不錯，有些年輕人與父母有美好坦誠的溝通，甚麼話都能談，但這也是父母、兒女多年培養澆灌出來的，並非是到了十五歲時，自然就有這種關係。

每個孩子都不同。有些比較深藏不露，緊緊關在自己的小天地裏。有些則比較開朗、直爽，願意讓你知道周遭發生的一切。要小心禁忌的是，不可認定一個原則適用於某一個孩子，也就可以通用於其他孩子身上。

父母不只應學習發問的藝術，也要站在孩子的立場上學習與他交談的技巧。我想，當氣氛不緊張，父母孩子對話題都覺得輕鬆，沒有威脅感時，就比較可能有開放式的談話。你應下定決心，在談話中，不要作自我辯解。談談運動，或逛街，或做一些活動，或一起計畫個假期。培養一種輕鬆、自在的氣氛，大家才能敞開地談談。

當孩子覺得父母的問話帶有威脅性時，父母通常也同樣會感到有壓迫感，甚至開始起疑心，不能放鬆自己，反而開始恐慌，談話就變成質詢。在那種情況下，就不要再說下去，若能站在孩子的立場，為他們設想一下，會有助益的。或與配偶談談，把你想問的問題及想說的重點重新想過，並把可能得到的回答也先想過。這樣能減少你與孩子交談時心情上的緊張與自衛。

在青少年時期，孩子在看法及興趣上有很不同的發展。因為一向他們都是在聽父母、老師及其他成人的吩咐及影響。突然間，他們有了獨立自主的慾望，希望爭取到多一點的自主權。在尋求獨立

的初步嘗試中，免不了會犯些錯誤及做一些不負責任的決定。使得父母對他們更小心謹慎地防範。孩子也自然地就會產生自衞的心態。

　　學習如何問得中肯，並培養出一個非防衞性而坦誠敞開的溝通渠道，是需要耐性去仔細經營才能達成的。

與本段有關文字

調準頻率
■賴德
Norman Wright

　　除非你的孩子已經學會了如何傾聽，要不然，很多時候，你不過是在獨白罷了！你若建議：「你該這麼做，才是一個好聽眾。」孩子大概不會有甚麼反應。

　　可以試試吊胃口的方法。先示範一下好聽眾的原則，然後問：「你覺得是否很能聽懂朋友所說的話呢？是否每次都聽得很明白呢？你真的能領會他們所說的嗎？」

　　如果答案是：「不一定，有時候他們所說的，我不是完全都明白。」請按下自己要脫口而出的衝動，只淡淡地說：「我倒有三、四種方法能幫上忙。如果你甚麼時候想要知道的話，就來找我吧！」

　　然後就等着。通常不用多久，孩子就會來問：「那是甚麼方法呢？我倒很想知道。」

領會那感受——孩子不僅是用言語來表達自己

■賴德　Norman Wright

我們社會的毛病之一，就是太少人願意花時間去聽、去了解別人在說甚麼。或許父母能給孩子最大的禮物，就是專注、不分神的聽孩子說話，找出他們的感受，並且真正關心那些感受。

了解青少年人的感受是非常重要的，因為那是彼此溝通之鑰。那些曾花時間去了解孩子的父母，會體驗到自己是被孩子所愛的。

但是要告訴別人自己的感受是件很難的事——尤其是向家人。因為我們怕被人論斷、怕所說的話以後會被人利用，也怕反應太強，或是面對明擺出來的怒氣或奚落，這些都是家中典型的現象。

在家中培養互信、又不彼此反擊的氣氛是很重要的。這並非由青少年身上開始，而是由父母開始。你能表達自己的感受嗎？你了解你配偶的感受嗎？如果不能，該趕快找一本辭海，看看那些與你感受有關的同義字，用來學習表達自己的感受，好好地下番功夫。然後找另外一個朋友來演練一下，如何表達自己的感情——這比事後試着去撫平兒女那種被傷害了的心更為容易。

然後也要讓你的搭擋表達他的感受——包括那些令你不安的負面感受。不要讓那些反應困擾你，而應保持聆聽的態度。要記得，你的目的是要了解別人的感受，而不是要責難對方。

一再演練後，就可以「畢業」去與青少年交談了，這時心中要謹記下面幾點：

●用語言表達出情緒上的感受。建立一個表達感情的詞庫，學習用不同的詞彙來表達不同程度的感受。這對母親或女兒較諸父親或兒子容易多了，因為在我們的文化背景下，男性的感受是先天不足，後天失調。年輕的男孩可能會害怕表達自己的感受，特別是怒氣，因而避之不談它們。你可以從自己的言辭，表率中讓他們領會到講出自己的感受，甚至哭泣都是沒有關係的。

●情緒是外表的癥兆。例如抑鬱，是生活中有了毛病的訊號。怒氣不是一起頭就是怒氣，而是由傷心、害怕，或是挫折沮喪而引

起的。所以，當孩子粗言粗語、大吼大嚷、一副不可收拾的樣子時，要循其根源。這時你可試着這麼說：「孩子，我可以感覺到有甚麼事令你很懊惱、很傷心或覺得不受歡迎。」這樣，你不是針對他無禮的脾氣而發作，就可避免觸發一場家庭風暴的可能。同時也會出人意外地發覺他們願敢開說出來，到底有甚麼事真正在困擾着他們。

●**觀察舉止之間的訊息**。當你與人面對面談話時，言語本身大概只佔了百分之七的訊息。你的聲調佔百分之三十八，而舉止（例

學習用你孩子的語言
■賴德
Norman Wright

每當一個作丈夫或妻子的人來找我輔導時，我首先做的事之一，就是學他們的語言。我不是指講英文或是西班牙文，而是指他們用甚麼方法來了解周遭的世界。不同的人經由不同的管道來了解，例用眼睛看、用耳朵聽或是用心來感受。探知他們用何種管道來體驗事務後，我才能與他們「說同一國的語言」，甚至進一步的教他們用另一種新的語言。

父母與青少年孩子之間也是一樣。父母應找出孩子是如何了解這世界的。是透過眼睛來看嗎？如果孩子常說：「我看出你的意思了，」或是「你能在心中勾畫出整件事了嗎？」他大半是個比較重於用視覺來觀察的孩子。同樣地，若孩子的話語中常出現，一些聽覺方面，或感受方面的字眼，那麼泰半他們是着重聽覺或感受的孩子。

觀察事務的方法。一旦找出孩子看法的傾向時，就試着從那個角度去溝通——換句話說，從他們常用的感官去了解他們。

如姿勢、表情、手勢等）卻高佔百分之五十五的訊息。如果孩子說：「我很好！」但是語調低沈、身心頹喪，你最好還是信你所看到的，而非所聽到的。有時候肢體語言是比話語難以明白，例如：聳肩可能表示「我不知道！」或是「別煩我！」但是若集合其他多種線索的話，就很容易明白了。把孩子的情緒用語言代他表達出來，例如：「你說你很好，但是你這麼沒精打采的樣子，讓我擔心是否有甚麼事發生了。」

●要爲孩子的感受守密。例如：你的大男孩，某晚很傷心而在你面前哭了。一個月後，他請了一些朋友來家裏玩，而你卻說溜了嘴，說他曾哭過。若彼此關係本來就很脆弱，又碰上這種難堪，一定會將關係破壞無遺。至少，這是很不恰當的做法。

就算你學會，也運用了以上這些原則，並不保證你的孩子一定會跟你有較好的溝通。青少年的心情難測，他們自己也一直在情緒的起伏中搖擺。但是，若你與你的配偶，或是與好朋友（如果你是單親的話）能誠懇地談自己情緒上的感受，那麼他看到後也就比較可能學着敞開心來談出自己的感受。

與本段有關文字
第一冊第二章　父母不能教盡天下事
第三冊第一章　聆聽的藝術
第三冊第二章　愛是行動

▌回答青少年的問題

■盛可雷　Barry St. Clair

父母有很大的責任來培養家庭氣氛，讓孩子能自由自在地發問，並得到解答。以弗所書六章4節說：「你們作父親的，不要惹兒女的氣，只要照着主的教訓和警戒養育他們。」

可惜的是，我們好似養育了一代不會思考的年輕人。而今天的

許多佈道家，也不太願意回答某些問題，尤其是一些比較敏感的問題，如教會在婚姻方面的立場。這種心態也傳給了年輕的一代。當孩子們問：「爲甚麼？」時，許多父母就回答：「我的意思就是這樣，不許再問！」

我們應思想一下主耶穌的生平及其事奉。他教導的主要方法，不外乎問問題，然後解答。問題與解答是父母滿足青少年好奇心最好的方法。

有時候青少年會拐彎抹角地問問題。這時，父母就得分析一下，找出眞正的問題何在。例如：「喝酒有甚麼不好？」其實問題的根源可能是：「我令你們滿意嗎？你們眞的愛我嗎？」

我相信至少有五個理由，父母應回答青少年的問題。第一，他們希望被當作大人看待。他們可能在前一分鐘舉止像個九歲的小孩，後一分鐘又像個大人。我們若愈將他們當大人看待，他們就會愈傾向成熟。

第二，當父母回答問題時，就顯露出他們關懷孩子的需要。第三，與第二點很相近，就是當父母花時間去聽，並給建議時，會帶給孩子們所迫切需要的安全感。他們問問題，是要知道自己不是荒誕不經。

第四，回答問題能將智慧揉入孩子的生命中。箴言四章3~4節說：「我在父親面前爲孝子，在母親眼中爲獨一的嬌兒。父親教訓我說，你心要存記我的言語，遵守我的命令，便得存活。」與父親的答問之中，孩子學到存活的智慧。

最後，問題解答能幫助孩子獨立判斷。有時父母應避免直接回答他們的問題，而以反問來解答。

有三種問題是父母應學着去問的：觀察性、闡釋性及應用性。觀察性的問題主要是在獲取一些資料：「那件事你做了嗎？」或是：「你可曾注意到這點？」闡釋性的問題則在於感受與看法：「你對這事有甚麼感想？」應用性的問題，例如：「你認爲應該怎麼做呢？」，這類型比較着重於獨立判斷。

以下兩個圖形顯示父母有時採用的方法，請注意，這兩種溝通的方法，對青少年人獨立判斷的培養毫無助益。

圖一、

被愛

嚴格管制 ———————————|——————————— 獨立自主

青少年　　　　　　不被愛

圖一顯示，與青少年人的溝通幾乎是在嚴格冷淡的關係上。這樣的孩子感受不到愛，也覺得父母太嚴厲，通常的反應就是反叛，或涉足犯罪之事。

圖二、

被愛

嚴格管制 ———————————|——————————— 獨立自主

　　　　　　不被愛　　　　　　　　**青少年**

圖二顯示，與青少年人的溝通，幾乎是在一種放任、冷漠的關係上。孩子因而感受不到愛，也得不到管教。導至步入成人時仍找不到目標與方向。

下圖顯示父母與孩子溝通比較恰當的方法。這個結果，就是孩子有獨立判斷的能力。

圖三、

在這圖中看到，父母孩子的關係，從幼童期的被愛／嚴格管制，進到青少年期的被愛／稍獨立，直到成人期時的被愛／完全獨立自主。這樣的孩子會感受到愛與被管教，並能像大人一樣作獨立的判斷。

可惜的是，很多孩子到了青少年期時，父母仍不放手。這樣會導致很多的家庭問題。青少年期不是感染了瘟疫，那只不過是孩子

們尋求自我的一段時間罷了！若以愛心來問問題，並給予解答，父母能幫助孩子找到自我，建立與社會周遭的關係，並培養與耶穌基督親密的同行關係。

與本段有關文字

第二冊第一章　青少年對生命的錯誤觀念
第三冊第一章　溝通的藝術

一封信的威力

■哈曲魁
Ronald P. Hutchcraft

我常常看到許多家庭就是因為一個小小的創意，整個家庭便得到改變。其法如下：家中的某個分子下定決心，給家中的另一個人好好地寫封信。甚而貼上郵票寄出去，讓郵差先生再送回來。這常是打開僵局的好方法，因為，毋需拙口去表達心意，而文筆卻能暢所欲言。

信中，你可以陳述自己的愛，及對他人愛心之舉的感激，還有自己的盼望、懊喪及寬恕（如果必要的話）。應力求坦誠，但要在為對方設想的愛的原則之下。

通常，信能使你把事情說得更清楚，因為不會在半途被人插嘴打岔。而看的人也能更清楚地聽到你信中所要表達的信息，因為他毋需費神想反駁的話。又因他可以反覆地重看，也會把信的內容記得較完全。

試試看給自己所親愛的人寫封信吧！

家人相聚的時間

■羅傑爾　Adrian Rogers

　　我發覺，與孩子們在一起，並不就代表着與他們有高品質的時間。很多家庭，當家人聚在一起時，不是看電視，就是在看球賽或是其他事，很少是彼此談談心的。因此，雖是身在一起，心卻是不在。

　　一家人在一起的休閒時間，應列爲生活中的重要事項之一。你要用心思去訂下時間、計畫時間及挪出這段時間。不可認爲享受休閒是種浪費，不做正經事。其實，我們全家記憶中最珍貴美好的時刻都是在休閒時間中締造的。而這些時刻無法刻意地「製造」出來。只要家人能有時間悠閒地聚在一起，可能無意間會論到某些眞理，或某種需要，當神的啟示臨到時，祂就會賜下祝福成爲美好的時刻。此時我們感受神的愛，也能彼此相愛，祂把我們一家人的心都攬在一起。

　　我發覺，在家中甚麼時候教孩子聖經教得最好呢？不是搬張凳子，跟孩子說：「坐好！爸爸來跟你講篇道理！」而是在生活當中的身敎。

　　有一天，我們一家去動物園玩。大家都興高采烈地希望有快樂的一天。但是才到動物園不久，就下起雨來了，而且是傾盆大雨。我們只好飛奔回車裏，一場郊遊完全泡了湯。

　　大家濕淋淋地坐在車子裏，不知怎麼地，就講起那位「降雨給義人，也給不義的人」（太五：45）的神及其愛和供應，以及祂所告訴我們的：「萬事都互相效力，叫愛神的人得益處。」（羅八：28）。當時我們落湯雞般地坐在那裏，大談起神的愛來。回想起來，那段在車裏的時間，可能比逛動物園要得到的更多！直到現在大家都還津津樂道呢！雖然這種機會是可遇而不可求的，但是神卻給我們那麼一段悠閒的時間，好讓我們可以抓住機會教導孩子。

　　若希望有那樣美好的時刻，作父母的就應扮演催化劑的角色。其實，大多數的父母可能未曾抓住機會來運用。一則是不經心地錯

失機會，二則是未在神的話語上常作準備，好隨時將之流入孩子的生命中。

另有一次，也是一起出去玩，我們要去勞德堡的海盜世界。誰知，到了售票口時，我才發覺口袋中的錢不夠買票。而那裏又沒有地方可以將支票換成現金。當時，我們有個孩子剛剛在幾天前滿了十二歲。如果他未滿十二歲，票價就有優待，那麼，我們手上的錢就正好足夠進去。只要我們說他才十一歲就沒問題了，可是他滿十二歲已快一個禮拜了呀！我想，或許大多數的人會說：「差幾天有甚麼關係！」但是，我就是不願意撒謊。因此向孩子們解釋，神要我們在凡事上都誠實。後來我們遇到一位朋友，他很樂意收支票換現錢給我們。我們最終還是進去了，盡興地玩了一天。

我相信今天兒子能誠實為人，是因為他們看到自己的爸媽在凡事上都誠實，無論是大事，或是一些大家認為無關緊要的小事上都一概誠實。對我們而言，那些都是非常重要的。正因為我們有在一起娛樂的時間，才有機會讓孩子看到我們行事為人持守自己所定的原則。

內人與我都覺得邀請朋友分享我們的休閒時間非常重要。孩子們無論事先有沒有說好，都可以隨時帶朋友回家。若我們要外出，也很高興他們找朋友回家。

我們是個大教會的牧師家庭，所以經常訪客不斷。我們也盡量讓孩子加入我們的談話。結果非常地好，孩子們的朋友變成了我們的朋友，而我們的朋友，也成了他們的朋友。當孩子參與大人的談話時，他們可以吸收大人的智慧，同時也可以看到真正基督徒的友誼是甚麼。同樣地，當我們加入他們圈中時，就可以觀察到他們所交往的是些甚麼樣的朋友，他們的價值觀又是如何。就是因我們彼此都喜歡對方的朋友，因此甚少擔心孩子們會交甚麼壞朋友，或到一些我們所不知道的地方去。

一起休閒娛樂其實不需花太多錢。我們發覺，花最多錢的，並不見得是最快樂的假期。最美好的假期，乃是一家人一起計畫出來的。如果女兒們幫忙煮東西，兒子們幫忙把露營或釣魚用具預備好，大家就有機會彼此交流，一起活動，而不會作壁上觀，好似上

博物館或看電影一樣。

大家一起計畫到那裏玩，一定會讓父母小孩之間有彼此溝通的時候。如果父母儆醒的話，就能帶出美好的時光，不但提供機會來教育孩子，也是建立彼此關係無上的良機。

與本段有關文字

認錯的重要

■巴騰　Bruce B. Barton

信不信由你，承認己錯才能改善與孩子的溝通。可惜許多父母，卻帶着一副百分之百對的樣子，好像甚麼事都懂，甚麼事都要作最後的決定。這些父母認爲自己必須擺出一副強人姿態，凡事絕不妥協，也絕不流露出自己的缺點或輭弱。

要承認自己的不足和錯誤都是很痛苦的事。小一點的孩子，常把父母看得高高在上，而父母也樂於高居其位，被仰慕、被感激，也可能喜歡那掌握權柄的滋味。坦白地說，他們可能不願意從高位上面下來呢。父母可能自我中心到一個地步，以致不能將事情看清，而爲孩子作出對的決定。

但是，說「我錯了！」，「我失敗了！」或「我有困難」會帶來許多好處。茲舉一、二：

●**承認己過能除去障礙**。青少年孩子對自己的弱點或過錯很敏感。如果他們覺得犯錯不是甚麼大不了的事，那麼就會比較自在地與父母溝通。

●**承認己過能確保眞正的溝通**。當父母與孩子都眞誠地承認自己的問題時，大家就是站在同一立足點，誰也不需要仰望或俯視別

人。

●**道歉會帶來溫暖**。父母孩子間因而有同舟共濟的感覺，體認到彼此同是家中的一員，共患難，同袍澤，並且同奔天路。

●**承認己過能避免完美主義**。如果孩子長期看到的父母是完美無瑕，毫無難處，一旦看到他們失敗時，將是致命的打擊。更重要的是應讓孩子看到父母如何面對生活中的困難，將來好學習應付他們自己的問題。

●**承認己過是成人式解決問題的方法**。如果孩子被當作成人般地看待，那麼他們就會以成人般的心態來回應，並以同樣的態度來面對問題；同時也比較能爲將來作父母時作好準備。

與本段有關文字

第一冊第一章　天下無完人

第三冊第二章　誠實是惟一之策

第三冊第二章　寬恕

「我錯了！」
■卡尼
Glandion Carney

父母與青少年孩子交談，特別要注意到承認自己的過錯及困難，以促進彼此更好的溝通。當父母以身作則時，孩子將會「學到」父母所想教的，而不只是「聽到」而已。

例如：父母爭吵，若涉及孩子，或是孩子在無意間聽到了，錯的一方應主動地向孩子承認，說：「你知道，爸媽爲了一些事爭吵，特別要向你們孩子道歉。因爲我們教你們不可爭吵，但自己卻爭吵。我們覺得很重要的，就是請你們了解我們也會犯錯，很對不起，也請你們原諒。」我覺得這是培養健全的溝通，建立起彼此關係的方法。

當孩子們看到你打開自己，坦誠地與他

們溝通，他們就會比較願意承認自己的錯。其實青少年很快地就學知，每個人在不同的情況下，都是會犯錯的。若你驕傲自大，不承認己過，在他們眼中你就得不到他們的信賴與尊敬。誠如有個人說得好：「你所做的，使我聽不到你所說的！」我們實在有以身作則的責任。

經年來，你所堆砌在孩子心中那種父母凡事都對，惟我獨尊的形像，一旦粉碎的話，其威力所造成的傷害是極大的。而惟有坦誠以對能使家庭關係更加緊密。

如果那一次你誤指孩子做了甚麼錯事，事後一旦發覺，應馬上向孩子道歉。讓孩子看到真正的你，並與他們分享你的成功與失敗，他們一定會被你推心置腹的真誠所吸引的。

孩子不聽勸時怎麼辦？

■侯我德　David Howard

小兒子在申請大學時，因為他很會摔角，有許多大學都來爭取他，但是他卻決定不接受任何摔角體育獎學金，而獨自另選一間大學，好得到自由。那時我們父子間的溝通很有限，我以為他不想聽我的建議，所以我就隱退一旁，尊重他的決定，也不給他任何的壓力。

現在回想起來，我後悔沒有逼他好好地考慮一下任何的體育獎學金。因為上了大學後，他沒有再摔角，也就再沒有機會在規律的運動中學習操練；因之，他的學業也受到一些影響。

兒子的缺乏自我操練與他的屬靈生命有關。對任何人，即使在

最好的環境中，自我操練都是很難的，何況是一個對**屬靈**目標毫不清楚的人。但值得感謝的是，他功課上的問題，讓他體驗到不可能靠一己之力解決，因此也促使他再次回到主的面前。但是，他也說，巴不得當他在選擇大學時，有人曾告訴他，他的選擇會帶來甚麼樣的結果，同時也多給他一些指引。

如今回想起來，我認為我當時應說：「孩子，爸要帶你去看看那些對你表示有興趣的學校！」但是我卻只是遠遠地避開了。

何時應給孩子一些壓力，何時又應放手，父母需從神得到那份敏銳的提醒。而何時應給那自以為不需要幫助的孩子一些勸誡也很難定奪。這實在不是靠一兩句話就可以解答的問題。

與本段有關文字

第一冊第一章　有耐心的父母
第三冊第一章　彆扭時期
第四冊第三章　給孩子們有成長的空間
第五冊第四章　孩子應對他的選擇負責

「再給我一次機會」

■史閙道　Charles R. Swindoll

有時候父母比較後知後覺，忽然間發覺家裏已經有了個少年人，而自己仍未預備好該扮演的角色。這可能是個殘忍的覺醒，父母在徨惑中甚須指引。

在這種情形下，我要特別強調「開放式」的談話。我們很容易就會開口講篇大道理，或是發脾氣破口而出：「好好把這事解決，我可不要再說第二次了！」

但是如果你能儆醒，知道情況特殊，就應坐下來與孩子好好地談談你所觀察到的一些事。

例如：「寶兒，近來爸突然有點擔心關於……」從流露自己的

情感來打開話題。

　　承認自己的疏忽，例如：「爸本應是一家之長，但是爸知道最近因太忙碌，沒有盡到父責。媽媽告訴我你最近與某些朋友四處玩耍，讓她很擔心。」

　　然後，承認自己也不知道該怎麼做。例如：「我也不知道該怎麼辦比較好，我們需要好好地談談。」坦白地對孩子說出你心中的想法及期望，爲了帶動全家走向這方向，可以問孩子，父母應如何幫助他。同樣地，他可以如何在這事上幫助父母。

　　這種方法，與那種罵了算數的方法很不相同。例如：「你一天到晚就是與嬉皮、吸毒的人鬼混。再被我逮到的話，你就休想再出門！」這類的話會導致孩子反叛，因而更與那些你所不屑爲伍的人在一起。

　　父母要謙卑又肯敞開內心是需要很大的勇氣，但這卻是最佳之途。也惟有父母下定決心，費神地去做，才能有好的對應之道。

　　與採取放任態度的父母相反的，是一些父母突然間發覺自己一向是太嚴了。如果父母已定下一些不可改變又專橫的規則來挾制孩子，就應與孩子談談。若原先規定的原則是好的，就仍然保持，但是可以在細節上減輕或修改。並祈求神賜下智慧，如何在家規上運用得有彈性。

　　可以讓孩子們知道，你有心要治理好這個家，在作風上也在尋求新的改變及突破。如果你眞的願意開誠布公，並且又擔負起責任，孩子們定會爲你除舊布新的魄力喝采。

　　改善與孩子的關係永不嫌遲。當然在他們尚年幼又較願受教時，就開始建立會比較容易；但是要改正，任何時間都是良機。

　　「人若知道行善，卻不去行，這就是他的罪了。」（雅四：17）不要讓自尊奪去你影響孩子向善的機會。孩子雖已十幾歲，在他鵬程萬里的人生起點上，你的導航將有舉足輕重的影響力。

與本段有關文字

第二章

如何建立持久的關係

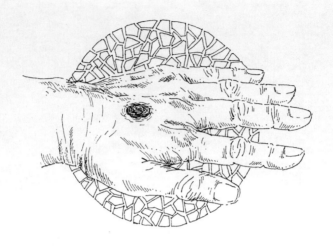

●如何真正愛自己的青少年。

●寬恕是必要的嗎？

●如何參與孩子們的生活。

●至終誰不受尊敬：父母或孩子？

●孩子幼小時缺乏愛及管教，父母能補救嗎？

●對待青少年人，誠實總為上策嗎？

有一齣名劇的結尾，兩個男孩參加完父親的葬禮後，站在後院的平臺，回憶起父親種種的事跡。他們的父親生前是推銷員，終日旅行奔波，冀望銷售暢旺。而今他們望著那水泥臺階，那是在某個週六，父親與他們一起建成的——當時他找來了水泥推車，一堆沙，還有鏟子和水泥，大家混了水泥，一起灌漿——他們說：「比起爸一生那麼多成功的生意，其實這個後門臺階更能讓我們懷念到爸爸。」

這個現代文學悲劇的故事，總結了今日社會的價值架構，在這種架構下，大家很容易就疏忽了建立彼此的關係。然而，我們最珍貴的時刻，卻是來自與人之間的關係，而非在屬世的成功。粗茶淡飯有父親相伴的孩子，勝於錦衣玉食卻無父愛溫馨的孩子。

如何眞正愛自己的青少年

■甘貝爾　Ross Campbell

　　無條件的愛是與青少年孩子建立健全關係的基礎。因爲只有無條件的愛能避免一些問題，諸如懷恨、內疚，畏懼或被丟棄的不安感。

　　父母若不清楚甚麼是無條件的愛，那麼養育青少年實在是一付重擔，充滿了困惑及挫折之苦。這愛就像是指引的燈，在需要時可讓你看清你與孩子間該有的關係，並能明智地決定下一步該如何走。以這無條件的愛爲基礎，在每日指引及滿足青少年的需要之中，你對養育他們的經驗及能力就會更加老練。

　　無條件的愛就是，不論孩子長相如何；長處、短處有多少；行爲舉止是否中規中矩，作父母的都能打從心底完全接納他，愛他。這不是說你對孩子的行爲都贊同，而是，既使你對他的行爲深惡痛絕，仍然能愛他這個人。

　　百分之百無條件的愛是種理想。我們很難無時無刻地愛一個青少年人。但愈是接近這理想的標準，父母心中就愈有滿足、有自信，而孩子的表現也會更活潑、更加令人喜悅。

　　父母要常提醒自己，青少年人還是孩子，他們有時會表現得像乳臭未乾的小子，舉止令人不愉快。如果當他們表現得好時，你才愛他們（有條件的愛）的話，他們就不會覺得眞的被愛。但如果你盡到父母之責，雖然他們粗魯仍是愛他們，他們就會漸漸長大成熟，脫除那些粗魯的舉止。被父母以無條件的愛來愛的孩子，他們會有較佳的自我意識，也就會在成長中學習自我約束。

　　可能你沒察覺到，孩子心中最重要的問題是甚麼呢？其實他們不斷地在問：「你愛我嗎？」這是他生命中最重要的問題。他們不是用口問，而是用行爲來探測。

　　只是心中有愛，對青年人來說是不夠的。嘴上也應該說出「我愛你」。更重要的是在行動中實際地表達出愛來。因爲在他們這種年齡，看重行爲多於任何話語。

　　要記得孩子們都有一個感情的油缸，有他感情上的需要。這些需要是否得到滿足（藉着愛，了解，管教等等），決定了他的感受——是滿足或是生氣，抑鬱或是喜樂。同時，也大大地影響了他的行為舉止——是順服或不順服，哀傷或振奮，愛玩或是畏縮。很自然地，他感情的油缸愈滿的話，他的感受愈好，表現也就愈好，也只有在他感情的油缸充滿的時候，就會有最優異的表現。而裝滿他感情的油缸，就是為人父母應盡全力去做的責任。

　　青少年人求獨立的典型表現就是：自己做事不要人管；自己出去玩不要家人跟；或是試試家規是否不可違。但是遲早他感情油缸中的油會耗盡，於是會回來找父母保養——把油缸加滿。這就是我們作父母所想要的，希望孩子們在感情上有需要時，回來找我們做保養的工作。

　　下列幾個原因可以看出這感情補充的重要性，孩子們有了感情的滋潤，才能表現出他們最好的程度，甚至把潛能發展到極致。他們很需要把情感的油缸裝滿，好有安全感、有自信，來面對青少年圈中的壓力及各種要求。若無自信，他們比較會在同儕壓力下屈服，而覺得很難保持道德的整體價值觀。而當感情油缸再充滿時，父母孩子間的溝通線就有可能暢通。尤其當他們正在加油時，是親子間溝通最容易的時刻。

　　大多數的父母都不曾察覺到讓孩子能回來找他們，加滿感情的油缸是何等的重要。當孩子在摸索尋求獨立時，他很可能令父母非常生氣。如果這種怒氣的反應太厲害，又太頻繁的話，就會攔阻孩子，甚或不願再回到父母身邊尋求感情的補充。

　　一旦父母兒女之間的溝通斷絕了，孩子只有訴諸朋友來得到感情的滋潤，就很容易為同儕所左右，為異端所蠱惑，或為無賴之徒所利用，因而陷入何等危險、可怕的情況之中。

　　當孩子以不當的舉止來試探你時，要小心，不要過度發火，意氣用事。不管他如何表達了他尋求獨立的意願，都應盡力保持他回來找你加油的管道，這是使他能有健全人格進入成人期很重要的一點。

與本段有關文字

愛的禮物

■史闊道
Charles R. Swindoll

青少年孩子目睹父母彼此關係密切時，心中會有種安全感。雖然他們喜歡取笑爸媽的親密，但卻喜歡那種安全感。

內人與我恩愛情深。當孩子們在廚房中撞見我們彼此擁抱時，他們就會取笑說：「他們又來啦！爸媽又在卿卿我我啦！」話雖如此，但他們卻愛這一招。

你能給孩子的最美好的禮物，就是愛你的配偶，孩子們也能學到這重要的價值觀。

對孩子也要親愛有溫情，但要尊重他們在公眾前的感受。一個初中生上學時，從爸媽的車上下來，匆匆跑開，好似父母有大痲瘋似的，這一點也不稀奇。

我看過一些母親在停車場勉強孩子吻別，這只表露出那母親沒有安全感。那是種溺愛，令人透不過氣來的愛，而不是成熟的愛。

我的孩子，一個十三歲，一個十六歲，他們仍要我帶他們上樓，送他們上床。最近有一次，我正在看球賽，兒子問我：「爸，我知道球賽還沒有結束，可是，你能否送我上床。」

我上樓，送他上床。然後他又問是否可

以一起禱告。這孩子已十三歲，在公眾場合，他絕不會承認自己睡前與父親一起禱告的。而現在他卻自己提出這要求。

有時候，睡前我會與他窩在一起，彼此談談心。

那些都是珍貴的片刻。

總之，愛你的配偶，愛你的孩子，不要害羞不敢表達，但也不要做得太過，令他們覺得勉為其難。

要參與！——沒有你，家庭不會成長

■貝爾　B. Clayton Bell

父母實在能提供青少年孩子許多美麗的時光。舉凡盡心盡力地預備餐點，到一起外出度假皆是。真正愛孩子的父母，會享受有兒女的樂趣，例如吃飯時一起聊聊關於約會，活動或難題（積極正面的態度，而非囉嗦、抱怨），這些都會很有助益。

回憶兒時，爸媽與我們玩許多遊戲。例如象棋，拼字等各種益智遊戲，好好玩哪！如今身為父母，我們也試着和孩子們一起玩。雖然內人不很在行，但我教了孩子們不少玩紙牌及其他有趣的益智遊戲。

我認為電視對家人團聚是很大的妨礙，有些電視節目是值得全家一起看，有些則是浪費時間。父母應認清看電視到底是闔家團聚的好時間，或只是彼此避開的方法。對於孩子們所看的節目，我們很注意選擇，並且也試着找一些可以全家一起看的節目。

我們也盡量提供一些其他趣味。例如，只要家中有任何孩子仍上高中，禮拜五晚上一定是高中足球夜。那天晚上，我們不作他用，甚至如果我需主持婚禮預演，我也一定會安排好，在球賽之前

結束,然後帶女兒及她的朋友一起去看。

我們也盡量全家一起計畫度假,好讓大家都有參與感。我喜歡山,就屬意去科羅拉多的山區;但是孩子們都喜歡海,於是我們就去海邊玩。孩子們還小時,我們曾經參加過幾次越州旅行,其樂無比。目前內人與我計畫當某一旅遊團的嚮導,我們也盼望孩子中一個或兩個會隨行。

當然,這都是優先次序的選擇,到底是避開他們重要呢?還是預備些活動,讓他們一起參與此較重要呢?

與本段有關文字

「在我心目中,
你很重要!」
■卜來特
Bill Bright

孩子們需要從我們的言行中聽到我們說:「我愛你,關心你,衷心盼望你成為神所喜悅的青年。我願為你獻上生命及時間協助你成為合神心意的人。我會為你禱告,隨時預備好犧牲一切來作你及時的幫助。因為,在我心目中,你是那麼地重要!」

愛是行動

■哈曲魁　Ronald P. Hutchcraft

　　當然啦，你是愛自己的孩子，但是，他們感受到你的愛嗎？如果他們沒有感受到，就好像廣播站播送出去的音波沒有人收到，因為你倆的頻率不同。

　　「他當然知道我愛他啦！」你或許會抗議：「我買給他最好的音響，又給他一間舒適的房間──還能要甚麼呢？」但是今天的孩子，把這些都視為理所當然，他們不懂甚麼是在窮苦中長大，沒有房子、車子或工作的掙扎。所以這些物質享受對他們而言是不重要的。

　　對他們很重要的，就是他們成長時所被剝奪的東西──父母的時間。正當你賣力地工作賺錢來向孩子表達你的愛時，他們倒是寧可你留在家，花些時間與他們在一起。

　　或許買個電視給孩子，比坐下來與他談談是容易多了。但是走捷徑是無法表達愛的，必須以他們所能感受到的方法去愛他們。在困難的時候，閒談的時候，親暱擁抱的時候及在一起消遣的時候愛他們，以表達你的關愛。

　　在困難的時候愛孩子是真愛的試劑。當孩子令你尷尬、失望，或傷你心時，你的感受如何？而那是他們最需要你的愛的時候。愛不應按孩子的表現而給予或收回。

　　當孩子失敗時愛他；就好像看足球賽時一樣，孩子好比球員抱着球要向對方的底線直跑，卻在一碼之地失落了球，看臺上每個人都不再喝采，而是失望地離開。但孩子應知道，在那裏有兩個人不會離棄他──那就是爸爸媽媽。他有必要知道，即使失敗，你們仍是他忠誠的支持者。

　　誰都愛勝利者。也惟有在不可能被愛、最低落的時候，他們才會發覺父母愛他有多深。壞成績、交朋友遇挫折或做了錯誤的決定等，都是愛孩子的良機，而非責難他們的時候。

　　藉着閒談讓孩子們知道他們在父母的生活中很重要，是值得花

時間來彼此溝通的。通常是即興而發、不拘形式的，例如散步或是送他們上床的時候。而這也是與他們分享神的原則的好時機：「也要殷勤教訓你的兒女，無論你坐在家裏，行在路上，躺下，起來，都要談論」（申命記六：7）。

每天試着給家中每一個人一點個別的專注時間。不必長，但需有恆，有時候可能需花一個小時，有時幾分鐘即可。在這段時間中，需要專注在孩子身上，不可分心想別的事。在愛的功課上，我們每天都得去贏得信任。

只是談話，有時是不够的，孩子們需要父母的摟抱及親熱。尤其在嬰兒時期，若無愛撫孩兒會死去。但長到青少年時期，他就不會讓你肆意親抱了。你應隨機應變用其他的接觸方法來表達你的愛。例如，當你送他上學，臨別時給他一個大親吻，他自然會有如避瘟疫般的反應。但你可改用摟一下他的肩頭、摸摸他的頭髮或是像足球教練一樣，拍下他的屁股。雖然他們大一點時，似乎一副拒人於千里之外的樣子，但其實他們卻比任何時候都需要你的愛。

拍拍或摟抱能再次傳達父母的愛。尤其孩子整天在學校裏，常受到同學的排斥，回到家被爸媽抱一下，就能舒解那不好的感受。不要假設孩子們一定知道你愛他們（好似你說：「我沒說不愛你，那就等於我愛你。如果我不愛你了，我會讓你知道。」）要以你的摟抱碰觸來告訴他們你的愛。

從你特意爲他們安排的高品質家庭時間中，孩子們也可以感受到父母的愛。通常這都是需要作些個人的犧牲，按他們的喜好作些事。亦即，你進入他們的世界，而非讓他們來找你。

戈登麥當諾在他的書《有影響力的父親》講了關於英國著名作家包斯威爾 (James Boswell) 的一個故事。包斯威爾孩童最美麗的回憶之一，就是有一天他父親撥出一天，特別帶他去釣魚，那天他永難忘懷。老包斯威爾過世後，在他日記上看到對那天的記載，只有簡單的幾個字：

「又浪費了一天。帶了小兒去釣魚」。但是他卻沒有想到那天並沒有浪費掉，因爲他兒子長大後，一輩子都記得那天。

你也能爲他們製造終生難忘的回憶，例如與孩子一起修理車

子，一起逛街或露營，一起做義大利脆餅，或僅僅是訂間旅館，大家打場枕頭戰，歡度週末。他們會比較珍惜你與他們在一起的時間，勝於「我不能陪你，但我可以買東西給你。」那種裝飾性的愛。

然而，最重要的，當父母彼此相愛時，雙方的愛匯成滿溢的泉流，孩子們沐浴其中，才會覺得眞正被愛。但今天，好多家庭都落在三角形的愛之中：爸媽的關係疏遠，而彼此愛的箭頭卻都指向孩子。正因他們彼此不相愛，於是乎把愛轉投在孩子身上。這些孩子都感覺得出來，於是就會覺得不安，感受不到愛的溫暖。他們的安全感所以能夠持久，乃建立在認同那帶他們來到這世界的愛。所以，愛的行動，不只是花時間去愛孩子，也在於花時間彼此相愛。

與本段有關文字

家與幽默感
■費爾蒙
David Veerman

前幾天我無意間聽到女兒告訴她的朋友說，她的老爸很「滑稽」。起初我以爲她是說我很「奇怪」，後來才知道她是指我的幽默感，這對我眞是很大的恭維（也令我對自己爲父之職感到稱意）。

太多的時候，我們這些作父母的都太嚴肅了，家中大小事情好似都是「生死攸關」似的。長此以往，掃足了大家的興頭，家庭生活一點趣味都沒有。

我也不知道爲甚麼會這樣。或許是作爸媽的有太多的困難與壓力要掙扎，不能鬆懈自己；或許他們沒有安全感，覺得自己老在受審訊，而每個對質，都是「權力的鬥

爭」，因而使他們無法自我解嘲；也或許他們覺得大笑是不合體統。不管是甚麼原因，家變成很沒有趣味的地方。（註：如果你不確定自己是否如此，可以問自己：孩子們是否能分得出甚麼時候我是在開玩笑，甚麼時候是講正經的？）

不管原因何在，如果你家的情形如上所述，下列有幾項建議能幫助你們放鬆，而使家庭生活有樂趣。

1.告訴孩子你兒時的情景，不是教訓，而只是讓他們能略見真實的你。

2.翻出舊時剪貼簿，結婚相片、相本及畢業紀念冊等。沒有甚麼比看到爸媽滑稽的衣服髮型更好笑的了。（多照點家庭相片，定期地看看這些往昔的美好時光。）

3.開創出一個「回憶箱」，每年大家可以一起回憶。

4.一起去看笑片，一起看漫畫等。

5.與孩子一起玩——玩他們所喜愛的遊戲。就算你揮棒都打不到球，也不要害羞不敢玩壘球。

6.計畫一個不開玩笑的幽默週。

7.舉辦不受干擾的家庭活動。露營式的度假最為理想。

8.願意對孩子赤露敞開——講講你的糗事。

9.要知道不同的人，會對不同的事感到滑稽。學習自我解嘲。

簡要地說，學習把孩子當人來欣賞。家庭生活應當饒富趣味，住在裏面樂趣無窮。

誠實是惟一之策

■史聞道　Charles R. Swindoll

　　誠實是任何持久關係裏很重要的一個因素。如果你對十幾歲的孩子眞誠無僞，他們就比較能對你敞露心懷。誠實的定義是：公平及坦直的行爲。

　　有一次我想一個人去買點東西，毫無心情陪孩子玩打糖果機的遊戲及陪他們看雜誌，心中只想快去快回。

　　可是才走到門口，孩子就聽到鑰匙的聲音，然後說：「爹，您說過下次我們出去時，我可以坐在前座的……」。

　　我只有說好。但是，老天，我可眞是一肚子氣呀！當我開着車時，頭上幾乎冒煙。後來突然之間，發覺自己怒火中燒，而孩子們一點都不知道爲甚麼。

　　我把車子靠邊停下，心中決定要老實地對他們說。於是很誠懇地，我告訴他們一天下來的種種情形。他們靜靜地聽着，聽着——好像是花錢請來聆聽我訴苦的顧問——而他們當時只不過是八歲和九歲哩！

　　向他們解釋過我的壞情緒之後，我說：「你知道，我想根本原因大概就是自私吧。我只想一個人悄悄地去，買幾樣東西後就回來。」

　　我永不會忘記查兒說的：「爹，如果您想自私的話，您可以把我們送回家，自己再去店裏，沒關係的！」

　　我不再生氣了，孩子們也覺得與我更親近，這都只因我採取了誠實的態度，向他們解釋一切。

誠實在古時候的定義
■凱思樂
Jay Kesler

　　舊約時期的猶太人並未將道德弄得很玄。他們也沒有把誠實講得令人難以明白。對他們而言，誠實就是，如果你賣給人一籃玉米，必定將籃子裝得滿滿的；如果你賣的是肉，必定將自己的拇指從秤上挪開。

　　通常孩子們很能接納大人們的理由。當然，若孩子跑到街上快被卡車撞到，你絕不會還跟他先理論一下。有時我們得即刻將孩子從險地裏揪出來。但父母若能說：「這就是爲甚麼我不願你做那事的原因。」比起：「因我說不准，就是不准！」聽起來要和善多了。

　　誠實當然也需有明辨之智來調解。恰當的時機、合宜的方法都是智慧的表徵。「凡遵守命令的，必不經歷禍患。智慧人的心，能辨明時候和定理。」（傳道書八：5）

　　如果行得有智慧，就會減少許多問題，因爲你懂得掌握時機和方法。我想那節經文已說明了作好父母的技巧。

　　內人與我深信孩子們有一些「可教誨的時機」，在那些時候，他們對我們所說的話比較能聽得入耳。有時候，找個機會跟某個孩子談談，不光是關於性或是大學，或是將來的職業，也跟他談近來我們從言談中所留意到他的一些反叛情緒，或是不負責任的態度。

　　時機是非常重要的。如果我們察覺孩子正處在課業壓力下（或許是期考），我們就會等考試過了之後再說。這原則在夫妻之間也適用。有時候我不願聽內人告訴我，在言談中我犯了那三項錯誤。等到合宜的時間她才題出，那時我就能開放地接納忠告了。

　　我們教導的態度也是非常重要的。我們盡量不在人前糾正孩子。有時候我們不得不把孩子拉到一旁說：「今天在車裏我已注意到你那不馴服的態度，還有近來每當我叫你做家事時也是這樣。我要跟你談談那舉動甚麼時候出現過，及如何改正。因爲你的態度已經影響了家中的氣氛。」

　　父母應運用判斷力來明察何時能將過去的不快傾倒出去多少。我喜歡用倒垃圾作比喻。我把我的垃圾倒乾淨了，但孩子卻得將它們檢起來再設法處理。我沒事了！因爲我素來清楚那一切不愉快的事。但對孩子卻可能是很大的傷害。如果我將它們拋出來，也得捲起袖子來幫助孩子從我手中接過那些東西，整齊地放在他的垃圾桶中。

　　誠實與坦白的溝通的另一個層面，就是尊重孩子們的隱私權。我不是那種喜歡從門縫中偷窺的父母。

　　就如同查理謝德所教的一般，我盡量在孩子幼小時訓練他們自我負責的心態。孩子們知道自己要負一切責任時，他們也就知道要

自嘗一切的後果。

我們可以面對面地看穿對方的心。我不會寫張條子放在他們的抽屜中對他們囉嗦；也不會高高在上地坐着，準備指着他們說：「我不是告訴過你了嗎！」，我們應誠實地尊重孩子們的隱私。

最後，父母對自己的懼怕及不安也應誠實。若孩子們親眼見過爸媽承受着壓力，等他們步入成年時就比較不會被驚嚇。他們會明白人生的路，有高有低，因而能實實在在地去面對它。

與本段有關文字

▌寬恕——這是彼此有來有往的

■霍德　Leighton Ford

有幾次我忍不住向孩子發很大的脾氣。或許是有其他的事令我不開心，或是尚未了解全部實情就處罰他們，責備他們。在這種情形之下，我一定會去向他們道歉說：「對不起，我錯了！」尤其是我覺得他們心靈受了傷的時候更得這樣做。

寬恕是罪人之間任何關係的溝通之鑰。作爲父母，不但應寬恕，也應學習被寬恕。如果我們想經歷到寬恕的眞意，就得去寬恕人並且學習接納別人的寬恕。

記得有一次，我們問孩子：「甚麼是罪？」其中一個回答說：「就是小孩子們所做的事啦！」

接着我們又問：「大人會不會犯罪？」

「才不會哪！」

孩子們應明瞭罪不僅是人所做的不好的事，同時罪也會破壞我

們與神或其他人之間的關係。寬恕不是只原諒那錯事，乃是重建破碎了的關係。作父母的應當效法父神饒恕我們一樣地去饒恕人。孩子們可從我們的身教上學到這點。

如果我們發覺做錯了事，錯在自己，就應向神求寬恕，並且接受神已寬恕了我。彭柯麗 (Corrie Ten Boom) 說過，神將我們的罪丟在深海中，並且豎個牌子說：不准垂釣。

但是在基督徒的生活中，我們應區別出甚麼是事實，甚麼是感受，因爲傷痕總是會有的。事實是我已被赦免，但是感受上，可能因自己，或是他人的罪，極深的傷痕乃然存在。

當父母有很深的傷痕時，應與牧師或輔導談談，找出原因。有時候只能帶着傷痕過下去，深知惟有時間才能治癒。如果我們不能完全忘懷的話，或許那傷痕是用來提醒我們，時時需要神的恩典。就算是沒有被寬恕的感受，我們理智上要知道神已寬恕了我。

對基督徒而言很重要的一件事，就是不要試着自己去贖自己的罪，因爲基督已完成了我們的救贖。我們既已接受了祂的赦免，既求了別人的饒恕，也已盡可能地將一切改正，那麼就應有個對的心態：雖然我仍是個罪人，但是我罪已蒙赦免。

如果要向青少年孩子道歉，直截了當乃爲上策。找他一同坐下，說：「對不起！」我們不要去辯解，但可以解釋爲何我們會那麼做。然後說：「對不起，你能原諒我嗎？」

要找個合宜的時間談，有時候我們需等一兩個小時讓自己先冷靜下來。有時候還沒談到原諒，但是警覺到可能要演變爲衝突了，

寬恕與忘懷
■聖經珍藏

如果你說：「我能原諒，但永不忘記。」其實你不過是說：「我就是不能原諒。」原諒應像是一張被註銷的字據，撕毀並燒掉，不能再用來控訴對方。這世上有一種很醜陋的寬恕——刺蝟式的原諒——照樣地扎人。

那麼，就不要再說了。其實，很多時候，若我們能閉口不言，事後就不會需要求饒恕了。

兒子凱文有一次放學回來後很生氣，因為他在所參加的社團裏與人起了衝突。結果，他退出了該社團。他問我那決定是否正確，於是我給了一篇大道理，並情願他沒有那麼快下決定。

他最後站起來，說：「我得出去一下。」於是出去了一個小時，做些別的事。等到冷靜下來，他再來找我，說：「爹，我是對別人不高興，不是對你。因此我得出去靜一下，免得我遷怒於你。」

有時我們得學習退隱一下，而不要一昧地往前衝。但若把事搞砸了，就應儘快地尋求饒恕，別讓它潰爛。可以立刻回轉，誠實地面對。但也別故意小題大作，青少年孩子不喜歡這一套。

寬恕與容忍不同，如果孩子對同樣的錯，一犯再犯，你總應原諒他，但卻不可容忍那不好的行為。有時候孩子應該被禁足，有時候就是得說不可以；但並非說你不原諒他。神的愛是教訓、督責、使人歸正的愛，他絕不輕忽罪。

輕忽並不帶出寬恕。我認識一個婦人，在她十幾歲未婚時有了個孩子。她的父親絕口不提那孩子，因此，她從不曾感到父親寬恕了她。

父母要常常鑑察內心的動機，當孩子做錯事時，我們的顧慮往往不是為他們好，而是為了自己的面子問題。我們擔心受窘，被傳為笑柄，在基督徒朋友中擡不起頭來。我們的期望很高，但完全投射在孩子身上。

我記得有個年輕人做了錯事召致他的學業蒙受損失。他母親處理的方法似乎比較關心他的學業受影響，而不是幫助他面對錯誤，尋求饒恕。或許她覺得自己為人母的名譽已受到嚴重的威脅，雖經我指出，她還是無法認知。一個孩子學會如何面對並處理自己的過失，遠比成績單上的記錄還來得重要。

與本段有關文字

讓孩子們知道你也是人

■候我德
David Howard

作為父母，我犯的錯誤之一，就是從來不讓孩子們知道我內心所受的傷，因為我認為他們不需要知道。如果做甚麼失敗了，我不告訴他們，因此，他們從來不曾見過我失敗。

例如，大學時我曾是個摔角隊員，表現得算是不錯。當兒子們開始摔角時，他們表現得遠比我好多了，令我驚異又開心。但我發覺孩子們卻覺得我是天下第一的摔角健將。

有一次，朋友告訴我兒子向他說的話，正把我那老式的驕傲清清楚楚地表明出來。兒子說：「我父親是這世上最成功的人。只要他手摸過的，一定都成功。」朋友告訴我這些時，我心想，真糟，因為擺明的，那並不是真的。我只告訴兒子自己在運動場上的勝利，及在事奉工作上成功的例子，導致他有這樣錯誤的觀念。

如今回想，我知道自己確實下意識地要他們如此認為。我只告訴他們在摔角中那些光輝的勝利，卻從不曾告訴他們那些記憶猶新的痛苦與失敗。

現在我已明白，敞開心懷分享自己的失敗與成功是一樣地重要。告訴他們我們的失敗及錯誤的決定，能在他們失敗時，給他們很大的支持。

原諒非易——卻是非做不可

■霍德
Leighton Ford

主耶穌說，你們若不饒恕別人的過犯，你們的天父也必不會饒恕你們的過犯。我想主的意思是，如果我不饒恕人，就顯示出我沒有看到自己也需要饒恕。如果我知道自己需要饒恕，也經歷過，那麼我就會饒恕人。如果我不饒恕人，那麼我還未曾體驗到自己的需要。

這就是爲甚麼不饒恕人會攔阻了神在我們生命上的恩典。那會使我們生活在內疚、懼怕神之中。同時也會阻礙了家中彼此的溝通。我們的孩子有必要覺得無論跟父母說甚麼都可以。他們應知道父母是不怕驚嚇的，換句話說，無論他們說甚麼，都不會讓我們輕看他們，或棄絕他們。

我們可能會心裏很難過，不同意也難赦免他們所做的。但他們卻應知道，無論發生了甚麼，我們總是無條件地愛他們。沒有任何事能讓父母不愛他的兒女。

記得有人曾說過，有些人滿有恩慈，以致不能持守真理的原則；反之，另一些人呢，則是太注重真理的條文，於是沒有恩慈的餘地。耶穌則是滿有恩典與真理。

我們應讓愛與管教並行，愛與能力同重；我們應有愛心大到能饒恕人，也應有愛心堅韌到能拒絕惡。按着天然的本性，我們可能會偏重某一方面——有些人比較重恩慈，有些人則堅守原則。惟有主耶穌的靈才能讓我們有愛又有管教，有恩典又有真理。

分享應由父母開始

■恩時寵　Ted W. Engstrom

要建立良好的關係，分享是重要的因素之一。與青少年人坦誠的溝通更爲重要。孩子們遲早都會發覺父母不是聖人──那還不如我們自己告訴他們吧！所幸，現代的作風，已漸漸轉離那種嚴肅、沉默、沒有溝通的典型。

我們與主的關係，也不是單建立在祂爲神的權柄上，而是在於祂對我們的愛。我們與青少年人的關係也是一樣。我們知道身爲父母，應有權柄，孩子們也知道誰是老闆。然而愛卻是建立彼此關係的眞材實料。

父母的權威要在家中立足，甚至受到歡迎，一定要有愛的人際關係作爲潤滑劑。我們要坦誠地與孩子分享，父母也和別人一樣會犯錯。這樣能幫助他心情放鬆下來，用正確的態度來肯定自己。

當然，家庭中最重要的關係，是夫妻之間的關係，接着才是父母兒女之間的關係。孩子絕不可比配偶還重要，身爲父母，我們應是有愛心的丈夫或妻子，作孩子們的表率。當孩子們能明白並尊重親子的關係是僅次於夫妻的關係時，那麼將來當他們結婚了，就會記得這關係的秩序，並且引爲典範，運用在自己生活之中。

父母在家中應當樹立分享的榜樣。當孩子看到父母願敞開心懷，樂於分享，他們就比較可能學樣，也願分享。應試着打開家中愛的溝通管道。

很多時候，父母怕孩子，比孩子怕父母爲甚。孩子心裏明白，於是拿來要脅折磨人，這是不對的。

我不認爲孩子們在十五、六歲時，我們應把他們當成同輩一般看待。但跟着年紀漸長時，我們愈應視他們爲朋友、爲兒女，以他們爲樂。當然有一些很隱私的事父母不應與孩子分享，但是大部分的事應該都能與家人分享。

我發現敞開與孩子坦誠分享的可行方法，就是與他們一對一的約會。單獨交談，或是一起吃個漢堡，問問他們的近況，及他們生

活中進展的階段。（如果我能重新來過，我就會花更多的時間在單
獨的交談上。我們一家人曾一起做過些至今仍津津樂道的事，但是
在一對一的關係上，我卻沒有做到如期望中那麼好。）

把這些特別的約會放在自己的行事曆上。談話時，要仔細地聆
聽孩子們的需要是甚麼。很可惜的是通常都是我找話題，結果只成
了我個人的談話。我的個性比較強，常壓抑了孩子。

如果可能，父母要費心與孩子談論一些他們感興趣的新鮮事。
要讓他們知道，只要事情對他們很重要，你都會有興趣去聽。

記得以前，若孩子所說的事我不感興趣，我就會找本書來看。
耳中只略略聽到他們在說話。如果感興趣了，才會放下書很專注地
去聽。總之，要小心，不要讓孩子覺得你意興闌珊；你聆聽的意
願，對孩子是很重要的。他們又何必對一個興趣索然的人敞開心懷
溝通呢？

很多時候孩子們都覺得自己是次等公民。常常父母給客人的注
意力，總超過給自己孩子的。我們應該用一些特別的方法，讓他們
不會忘記在我們生命中最重要的人就是他們。

舉例來說，二十年前我們要從中西部搬到加州時，我與孩子們
分享並讓他們參與決議；我是否要改行，是否要將全家搬到一個陌
生的環境去。對他們而言，在這搬家事件的決議過程中有分，是意
義重大的。使他們知道他們能直接地影響到家庭的決定，並且分擔
起責任。

總之，以赤露敞開的心懷，以身作則地去分享，以打開家庭良
好的溝通形式。然後就可拭目以待孩子們愛心的回應。

與本段有關文字

分享最深的感受
■伯金士
John Perkins

在愛中生命才能彼此交流，而分享心靈深處的感受正是踏出交流的第一步。父母可在孩子面前流淚溝通，表示願意彌補過去欠缺的愛。這樣做聽起來好似很天真，又像是在用手段；但是我們與孩子最美好的時刻，就是我們能一同悲傷或是一起歡樂的時候。

▌溝通是人際關係的基礎

■康威夫婦　Jim & Sally Conway

某次，在陪七年級的女兒作睡前談話時，我們感覺到她有心事。接連兩三晚都是一樣。後來，她終於告訴我們，因着人情壓力，她必須和學校裏一個男孩子作固定的朋友。隔一、兩個晚上，她告訴我們，原來那男孩給了她一個戒指，她接受了，可是現在想將它退還。

最簡單的方法就是直接了當地告訴她該如何做，但我們卻選擇與她一起度過這段掙扎的過程，讓她自己作出最後的決定。以坦誠、友善與衷心支持作爲溝通的方式，幫助我們與孩子建立了良好的關係。

作父母的要抓住每天在睡前與孩子單獨交談的機會，此時是他們心門最敞開的時刻。孩子小時非常容易開始，他們吱吱喳喳很願意談，因爲只要不睡覺，叫他們做甚麼都行。到他們大些時就會極珍惜這段與父母獨處的特別時間。

女兒們小時候，我們分別送她們上床，我們一起禱告，並談談心中的事。以爲等她們上了高中就會停止，誰知老習慣仍然持續下去。後來她們上了大學，回家時，仍希望我們送她們上床，與她們聊聊。

　　吃飯時間也是交談的好時機。有些家庭，三餐只是純吃飯：「不許說話，把飯吃完！」實則應說：「別吃啦，大家談談！」我們的三餐，不只是為吃飯，更是為享受彼此的相聚，分享我們的生活。我們有時情願彼此等候，直到每個人都到齊了，才開始晚餐。孩子們上了高中後，有許多的課外活動，因此我們得商量出一個開飯的時間，因為我們希望家人團聚在一起。但有時候，家好像變成麥當勞快餐店似的，回來抓了個三明治就跑。

　　聆聽在彼此的溝通中也很重要，孩子們通常少有機會發表他們的意見。我們三個女兒都說，在家中決定事務的過程中，她們的聲音有一席之位，對她們來說非常重要，雖然最後的決定或許不是她們所建議的，但至少她們有表達看法的機會。

　　作為父母，我必須承認，有時我們最初的看法並非是最好的。當我們從女兒們所說的角度去看事情之後，我們的決定常常就會改變；因此不要侷限於自己有限的知識，要打開視野，集思廣益，必能作出較好的決定。女兒們的看法與感受對我們是很重要的。

　　青少年孩子也需要有隱私權。他們不必把所有的事都告訴父母。如果你們彼此之間有好的關係，那麼他們就會來跟你談一些重要的事，必要時也會請你幫助。

　　我們盡量在生活的成長方面，為女兒們先設想幾步，但有時候發覺，我們還是落後了。記得有一次，接到一張通知，告訴我們當時上小學六年級的女兒，將在學校開始上性教育的課程。於是我們急忙在前一晚先跟她談，好讓她先從我們這裏聽到關於性方面的教導。我們總以為還早，將來有充足的時間來提這題目呢！

　　父母需時時提醒自己，孩子們的世界比他們想像中改變得更快。保持密切的溝通是跟上他們的方法之一。

與本段有關文字

飯桌上的聊天
■歐德蘭夫婦
Ray & Anne Ortlund

讓青少年孩子參與我們的談話是很重要的。我們觀察到，有些家庭晚餐的時候，孩子們毫無說話的餘地。大人不會提到他們，他們也沒有加入的意思，只是坐在那裏閉口不言。這真是很可惜。就算他們話說得離譜，我們仍應尊重他們的看法以及正在學習的東西。

有時候我們會問兒子對於整修家裏的看法，他的建議有時真是嚇人，有時倒也很好。如果與其他大人一起吃飯時我們能誇獎他的好建議，或是讓其他人知道我們覺得兒子的建議很重要，或是請他加入大人的談話，那麼，相信他一定會漸漸地參與我們一起談話。

青少年孩子的世界競爭性很大。他們知道必須主動，積極引人注意，要不，就只有淪為壁上花了。如果在家裏，他們的話能被注意，他們的建議能被採納，而他們本身也被尊重，那將是何等大的鼓勵啊！

彼此尊重——建立家中彼此尊重的風氣

■恩時寵　Ted W. Engstrom

父母應尊重自己的青少年孩子，正如同希望他們尊重自己一樣。但是在尊重青少年孩子方面，大家似乎有很多搞不清的困惑。

我想，在我們的社會習俗下，年輕人，尤其仍為學生的年輕人，在他廿一歲之前，很少被尊重為一個能負責、有貢獻的重要人

物。這些被否決、遺漏了身分的青少年孩子們，有賴父母給他們全力地支持，通常，在這段被忽視的時期裏，孩子們都承受了很大的壓力。

他們最大的適應，就是要迎合朋友們不斷翻新的變化及不務實際的要求。此時朋友絕對比父母更重要，這就說明了為甚麼他們願不顧一切地去學抽煙、吸毒或終夜不歸的原因。

青少年期應是充滿了自我發掘的新鮮感，然而，我十幾歲時卻過得很不開心。那時，我還不是基督徒，與一羣頗為自義，心胸狹窄的死黨混在一起。為了要與他們同聲相應，我極力討好他們。因此，我年輕時就已下定決心，絕不願我的孩子再遭遇與我相同的困境。

為了要保護孩子們免受同儕的壓力，我告訴他們我過去的經驗，以及所受的種種限制，也常提醒他們因着某些決定我受過的傷害。但原則上我儘量讓他們自己作最後的決定，我強調，雖然看他們重蹈我的覆轍是很痛心的事，但我卻不會定意去干涉他們。

父母對青少年孩子的尊重在彼此溝通上、在解決衝突上，以及在孩子尋求獨立的事上表達出來。

在溝通方面，要站在平等地位，而不是高高在上地像對下屬說話，這是尊重的第一步。孩子來親近父母，不是讓他感到一直處於一種被貶抑的地位，是十分重要的。這是一種應花心思培養的談話藝術。

在解決親子衝突時，有責任要讓孩子明白，父母的權柄不是自封的，是神所賜的職責，為的是要指引並教導孩子走在正道上。

當孩子做一些事是父母所不同意的，此時父母一面要持守自己的權威，一面又要尊重他們，常是很難的。父母應立場堅定，孩子們也應知道處罰是必須的。但處罰時卻應讓孩子明白這是出於愛心的處罰。作父母的，管教兒女常是太鬆，不夠嚴厲，基本原則都訂得太遲。在事情發生之前，一些基本原則應早就訂好，並讓孩子完全明白其意。

以愛心為原則訂下家規，對於違規者處罰的方式及輕重，要與孩子的年齡及成熟度相稱，為的是要達到責罰的最終目的。

如果你問我的女兒，她會告訴你，我從來不曾打過她。但我一直都沒有察覺，直到她長大後自己告訴我的。但兒子們卻被我打過

不少次。我認爲，孩子小時，打打屁股是必要的。

　　當孩子們大一點時，我不再打他們，而是以剝奪他們的權利爲處罰。例如，他們十六歲以後，犯錯時我以不讓他們使用車子一、兩個星期爲處罰。車子對男孩子來說是非常重要的，我發覺沒收車鑰匙對他們是最有效的啦，我罰他們的時間長到足以令他們很難受，但也不會過長，以免他們有毫無指望的感覺。

　　孩子們尋求獨立時，父母應讓他們按着神造他們所賦予的特性長成爲獨立的個人，從而彰顯出對他們的尊重。每個孩子的個性脾氣都不同，應以不同的方法對待。作爲父母，你應給他們有這樣的自由。

　　我想，要尊重他們，最困難的時候，乃是當他們做一些事，你知道必會闖禍的時候。提醒、警告都無效時，也只有讓他們從經驗中學習了。只是若他們真的跌倒了，應隨時樂意幫助。有時候當然得介入管教，但要讓孩子們知道，縱使你不同意他們所做的，你仍是無條件地愛他這個人。

　　彼此的信賴建立後，父母孩子之間就產生彼此的尊重。當父母尊重青少年孩子時，孩子也會學着尊重父母。彼此尊重是禮尚往來的。

　　很多時候父母可能愛孩子，但卻不見得尊重他。我們很容易會爲孩子抱太大的野心。如果他們不上大學，或從事某些職業，我們就會很容易失望。這對年輕人來說是很大的壓力。

　　當父母傷心，失望時，應找出其真正的原因。自問：「我傷心，是因爲我不被重視，或被欺騙，或是怕不知別人會如何說？」遲早傷心總會過去的，情緒平靜後再仔細回想一下自己的判斷是否正確。

　　如果你對孩子開始生氣，或是想把他放在一隻箱子裏來控制他，那是一點用處都沒有的，至終，你或許會發覺孩子還是要選擇另一種生活方式，不管你如何說，如何做，或信念如何。有時候你也只有學習去接受事實。當然倒也不是說你得同意它。那是你兒女的決定及選擇，你只應確定自己是否已盡了父母該盡的職責。

　　如果孩子一連拿了四張超速罰單，出了三次小車禍，然後照常地跟你說：「車子給我用好嗎？」如果你說不可以，他就會說你不

相信他。沒錯,他已經有過那麼多次的機會,現在很難再相信他的開車能力了;但要強調你仍在其他方面信任他。

父母與孩子雖然彼此不同意對方的看法,但仍彼此尊重。學習去尊重對方,學習以尊重的態度去溝通,站在公平的立場去爭論。用禱告的心,讓聖靈來掌管你的態度。

當你尊重孩子時,他也會尊重你。

與本段有關文字

愛與尊重是並行的

■恩時寵
Ted W. Engstrom

那裏有愛,那裏就會產生尊重。我們不可能將它們分開。

愛通常是態度的表達,而尊重則是自己所定下的一種標準。如果符合某些條件,我們就會尊重那個人。

但愛應該是無條件的。父母應無條件地愛孩子,無論發生甚麼事,孩子仍需父母的愛。

有時,你愛一個人,但有可能失去對他的尊重。我記得孩子曾做過一些錯事,因而讓我無法尊重他們的斷事能力。他們也知道我很生氣。但我對他們的愛卻未曾稍減。

有時候父母會說:「你讓我非常傷心。」或是:「我很失望。」但卻需添上一句說:「雖然我不同意你所做的事,但我仍愛你,全心地關懷你。」

「如果我能重新來過」——彌補愛及管教

■伯金士　John Perkins

　　我有八個孩子，前四個孩子，我還能給他們一點關注；後四個，因爲我把事奉工作看得重於家庭，就無法給他們同樣的關心。

　　比起其他傳道人，我的事工佔了許多優勢。因爲我的服事是整個家庭的服事。起初，我們全家參與一個社區的服務工作，後來竟然推動發展成爲我們的事奉工作。其結果有好也有壞，好處是孩子們都全心一起投入服事主，壞處是此事工佔據了本屬於孩子們自己的時間，有時孩子們也迷失在忙亂的壓力之下。

　　某年的一個假日中，女兒與我正在一起清洗廚房，她慢慢說出心中的感觸，覺得我們把事奉工作擺在兒女之上，對父母她心中也有一份說不出的陌生感。她說的話一點都沒錯，我不由得流下淚來。她用手攬着我說：「但是爸，您還有時間彌補啊！我們還在呀！」

　　那是我生命中的轉捩點。她的提醒使我的心得釋放，並立即開始做補償的工作。最近我接到兒子的一封來信，提到我曾彌補了多少失落的時光。

　　父母若能清楚知道在愛及管教方面有那些虧缺之處，才能針對其加以改正及補償。所以父母應給兒女一個空間，培養他們能自在地分享心中的事，甚至能坦誠地指出你把那些事搞砸了。這種成熟的心態來自兒女們深信父母關心他們的大小事情，明白他們最深的需要。我的孩子們常表明他們如何了解我們的關愛。

　　當女兒來指出我生活上的缺欠與錯誤時，她能傾心吐意娓娓道來，我也能打開心門眞情流露地接受她的進言，承認錯失。重要的是我要儘量製造出一個平心靜氣的氣氛及環境，好完全明白女兒的意思，這點是一般父母最難做到的。

　　即使環境上不能讓你自在地分享，父母仍能彌補失落的愛。我成長時期爸媽都不在身旁。所幸祖母非常愛我，但是她要照顧自己的家，還有其他的孫子們。

記憶中，我四歲時第一次見到父親。我愛他，他也愛我。但是他不能久留，必須離開我，回到他所住的城市。

雖然我有被拒的感覺，但我知道父親愛我，而且他總會有機會來彌補的。我的心門總是向他開着。一個孩子對父母的愛，是非常深的，不管傷痕有多深，在他心底，總盼望父母能矯正一切。

彌補失落的愛的第一步，就是承認曾經欠缺過。這種誠實的態度是父母很難學的功課，我們常本能地想掩飾自己的過錯。

接着，父母可以讓孩子分享他最深切的需要。我們得留意孩子在何時何地，最迫切需要自己，然後記得特意爲他們做那些對他們意義深刻的事。

內人來自一個破碎的家庭，但她對父親也有一份很深厚的感情，多年來父親曾爲她做過一件特別的事。復活節是她家庭生活中很重要的節日，每年爲了這節日父親會送她一套新衣服。父親對她的愛，藉着這實際的行動表達出來，對她來說意義非凡，是她極爲珍惜的。

與本段有關文字

第三章

如何促使家庭合一

●一家人為甚麼需要常聚在一起？

●聚在一起的「質」(Quality) 重要，或是聚在一起的「量」(Quantity) 重要？

●如何建立家庭的回憶及傳統？

●你能防止青少年孩子不爭吵嗎？

●電視與家庭：兩者能並存嗎？

●青少年孩子是否一定得參與家庭活動？

「一起禱告的家庭，定能維繫在一起。」這句老話頗有道理。因為宗教的價值觀對家庭的合一很重要，也因為健全的家庭在生活中常常分工合作。花時間團聚一堂是家庭很重要的功能之一。今天我們常常聽人說：「不在乎時間的長短，重要的乃在於內容。」忙碌的人常據此辯解。但是，除非家人有足夠的時間在一起，才會有美好的、高品質的時間 (Quality Time)。

做攝影剪輯的人就會知道，若不是數小時枯躁、無聊，似乎毫無果效的攝影，就不可能產生一張傑作。常常在那平凡之中，冷不防地，就能捕捉到一些美麗的畫面。家庭生活也是如此。惟有花上足夠的時間彼此在一起，才會有美麗的「高品質」時間產生。

維繫家庭的基本因素

■康威夫婦　Jim & Sally Conway

　　有一次女兒們與好友大夥兒一起在高談闊論，談到有個家眞是好。但是若能具備下列幾項就更美滿了。

　　她們喜歡有些特意安排的家庭共聚時間和全家一起出外旅遊度假的日子；期待每天的三餐及睡前成爲一天中最突出的時刻；更希望能自由地說出心中的話，而不必懼怕遭家人屛棄；也願父母能聆聽她們的心聲，看重她們的意見。

　　家庭的合一不是一天就可達成的，乃是要花上時間的耕耘。無論甚麼時候，想建立人際關係，就得花時間在一起，並花時間一起分享。據統計資料顯示，在美國父親每天平均只花三十七秒鐘去關注家中的每個孩子。若是如此就更別提建立親子關係了。

　　有些家庭計畫一個禮拜花兩、三個小時在一起。但有時那時間安排得太刻板，誰也不享受待在那兒，或者大家只是死氣沈沈地坐在電視機前，各自沈迷在自己的世界裏。雖然人是在一起，但彼此卻沒有溝通。我們應一起分享生活的點滴——高興的、傷心的及自己的生活目標等。

　　孩子長到十幾歲時也不應停止家庭時間。當然他們會很忙，但是家庭，就像任何其他關係一樣，需要繼續不斷地澆灌、培養。找時間在一起不是不可能，只是須花點心思來安排罷了。

　　在我們家，我們總是把時間表作個調整，好讓大家能一起吃早餐。同時一個禮拜也至少有五天一起吃晚餐。這並不容易，但卻值得爲之犧牲。

　　青少年孩子有時也得遷就一下。如果他們要打工，或要練球或去聽音樂，就不可能總是一起吃晚飯。但如果他們是習慣性地和朋友四處遊蕩而不回家吃飯的話，那又不同了。

　　家應是個令人感到舒適的地方，使孩子喜歡逗留。若彼此挑剔，要求完美，或者家規死板，抑或彼此衝撞，都會令孩子不想回家。

　　家人也可以一起建立自己的傳統。對我們而言，星期日的晚餐是我們在一起的特別時間。度假及節期也是家庭特別的時間。

　　全家的合一可由日常生活的小事着手。當孩子們還小時，他們看到父母如何彼此對待，又如何面對世界。他們也注意到我們曾如何去幫助他們，也讓他們知道我們需要幫助。一些小小的體驗，例如在家庭雜務上，就算不是自己份內的事，彼此幫點小忙，都會在心中留下同心的感受。家人分工合作一起完成一樁家庭計畫，更能緊緊地把大家的心維繫在一起。

　　我們也發覺度假對教導合作很有幫助。若去露營，人人都有份工作。大家一起幫忙燒菜、洗碗、清理，分工合作後就會有更多的時間興高采烈地同去游泳或划船。

　　建立分享的傳統就能建立起家庭的合一。

與本段有關文字

靈修與緊湊的生活

■卜來特
Bill Bright

　　現代生活的趨勢是許多基督徒父母都得上班。這些父母應謹記在心的是：他們的首要工作，不是賺大錢；而是教養孩童使他走當行的道。這項重任不能僅靠主日學來教導孩子們屬靈的功課。

　　如果可能，家人每天應有一起靈修的時間。如果時間上不許可，至少每週應分出一天，有一段特別的時間，來幫助孩子靈裏的成長。在那段時間裏，父母兒女可以討論一些自己覺得重要的事，也可以解決所面對的

問題；可以一起讀神的話，一起禱告。然而
忙碌的現代人不可能自自然然地有這種時
間，必須經過計畫才能得到這上好的福分。

眞有所謂的「高品質時間」嗎？

■巴騰　Bruce B. Barton

多年來，講員們一直在強調所謂花「高品質」(Quality) 時間在孩子們身上。父母們馬上領受了這點，心裏說：「我不需花太多時間在孩子身上，只要我們在一起的時間都是高品質的就夠了。」是眞的嗎？誰說的？有些父母將任何與孩子接觸的時間均冠之以「高品質」，就能自圓其說地不願再多花一點時間在孩子身上。其實，在「高品質」時間下對孩子所產生的教導及影響才是最終目的。也許，在「夠量」(Quantity) 時間的基本條件之下才能產生「高品質」的時間呢！

我們知道資訊管道沒有雜音時，效果最好。我們也應記得，要溝通之前，總得花段時間來清通管道。記得有一次下班後，我興緻勃勃地想與孩子們來段「高品質」時間。但腳一踏進家門，一個孩子在玩，一個在看書，另一個則在看電視。我說：「孩子們：爸回家了！」他們看看我，好像我是從外太空來的，他們根本沒打算跟我在一起——管它是「重質」或「重量」。他們各自忙自己的事。大多數的孩子，不能在你有空時，丟下自己手邊的事來陪你。

人人都會同意，不花時間在孩子身上是不對的，因為彼此的關係就無法成長。而從另一方面來看，雖然花上許多時間在一起，卻是人在而心不在，也是不夠的。人在，可能意味着，「我們是在同一個房間」，「我們坐在同一輛車裏」，「我們同去看一場球賽」。這種「在一起」並不見得會有彼此的溝通。

今天，我們發覺，除非先投上夠量的時間，才會有「高品質」

時間的產生。不錯,你能在片刻之時集中自己的精神,仔細地聆聽,赤誠地分享,也不需花上太長的時間。你也可能已實行了準備的原則——培養氣氛,好產生「高品質」的時間。但是只有你自己預備好是不夠的。孩子或許也需要一點時間來預備好他們自己。

下列是投入夠量時間的好處:

1. 孩子的興緻能被提起,並進入情況,作較深入的溝通。

2. 父母尊重孩子的作息表,明白他們的需要及想討論的事項。

3. 孩子能自在地選擇何時溝通,因而加強了溝通的效果。

4. 父母、孩子有時間去清除溝通的雜音及干擾。

5. 不急促時,比較可能有即興式的談話、彼此的學習與分享。

6. 大多數的人需要有點時間來整理一下自己的感受以及真正想說的話。給孩子足夠的時間,會讓他們感到父母願意聽,並想了解他們,更能鼓勵他們敞開地分享。

7. 大家都有想交談或想獨處的週期。若多花些時間在一起,就比較有機會配合上彼此想交談的週期。

可惜的是,父母常怕自己精力不夠,趕不上孩子,而避免多花時間與孩子在一起。事實上,花時間培養彼此的關係,常能使自己

均衡的基督徒生活觀
■卜來特
Bill Bright

基督徒家人聚在一起時,不應只是讀經和禱告。這些當然是必要的,但仍不夠。大家有很多事需要談談,應當有個均衡的生活,並把基督帶入生活的每個層面。

在孩子還小時就開始安排一段家庭共聚的時間,以基督的原則及觀點為中心,來談論發生在我們生活中的事、政治、社團活動、休閒娛樂及工作等。要讓家人明白耶穌是全家最親密的朋友,祂在我們中間傾聽,時刻與我們同在。而非只於星期日的崇拜中,在教堂與我們相遇。

重新得力。可能你的精力遠超過自己的想像呢。

有些父母因興趣不同而不願花時間與孩子在一起。孩子可能喜歡足球，你卻覺得自己不會，也沒有興趣和精力與孩子踢足球。但是，無論如何為了孩子的緣故應該試試看。一起去看場球賽，讀讀關於足球的報導。如果真是不喜歡，父母可以論流陪孩子去參加那些活動。父母也可試著扮演反傳統的角色，如果媽媽喜歡的話，可帶孩子去看賽球，爸爸可陪孩子安靜做手工。

警告！下列是一些舉動，一定會破壞你與孩子在一起時的關係：

1.眼睛頻頻看鐘，好像說：「其實我並不想待在這裏的。」

2.很緊張，好像說：「從這經歷裏，我沒有得到想要的，或感受到應有的感受。」

3.獨霸整個的談話，好像說：「我不想聽，也不想忍受這些無聊的談天。」

4.在運動或戲劇上顯得太嚴肅，好像說：「我怕玩得太開心。」

5.在沈默片刻後急速將一些話插入，好像說：「安靜時，我怕面對我內心的感覺。」

找些方法多與孩子在一起。一起出外旅行，若必須上街買東西或辦事，帶他們一起去。找些事一起做，例如翻修地下室或做聖誕禮物。在工作之餘，找點子穿插些遊戲。給家人一個挑戰，試試整晚不看電視如何。試玩一些紙牌遊戲或玩拼圖。看看會有甚麼結果。

有時候要改變積習並不容易。但從小處做起。過去你可能並不曾給孩子足夠的時間。試試看，可能你會發覺那種回報遠超過你所期待的呢！

與本段有關文字

善用吃飯時間
■青少年歸主協會
　編輯室

有個故事提到一個住在貧民區的婦人。當她成爲基督徒後，第一件趕着做的事，就是把微薄的儲蓄拿出來，去買了一張老舊的木桌，好讓家人能圍着桌子吃飯。這位重生得救的母親懂得家人團聚的重要性。

吃飯可能是家人團聚、交通最自然的機會。因爲大家需要彼此合作，彼此服事。但在我們這種快速而複雜的社會裏，不知不覺中情形已發展成了吃飯時間就像是在速食店的櫃臺前一般，家人趕忙吃了就跑，趕赴另一個活動。諸如運動、音樂、戲劇、研究報告、青年團契，再加上父母都上班，情形就更糟了。難怪聽說平均每個美國父親每天只花三十七秒鐘專心與一個孩子談話。（試想，有二十分鐘之久的晚餐時間，將會大大地改變這個數字）。

一起吃飯對家人是非常地重要，沒有這段輕鬆的時刻（二十分鐘對誰都不算太長嘛！），家人可能會彼此錯過，沒有溝通，甚至見不到面。要一起吃飯其實也不是那麼地困難——只要把它放爲第一優先，以及在每個人作息表中列爲必要的項目即可。記住，倒也不一定非得利用晚餐的時間。如果大家時間配合得好，早餐也可以。

讓一起吃飯的時間輕鬆有趣（而非折磨）。讓孩子們邀請朋友一起來吃飯，這是認識他們的絕好機會。也要讓他們有受歡迎的感覺（他們也能看到你們家的價值觀）。避免干擾、關掉電視、或暫時不聽電話。可以把電話插頭拔掉，或禮貌地解釋你們正在

吃飯，將會再打回去。

　　預先計畫好菜單。不必太耍花招，讓孩子也參與計畫，偶而動員全家一起做飯。（這是教導營養學，及烹飪技巧的好時機）。有時候也可試試國際菜式，或一些特別的菜餚。

　　讓每個人都有說話的權力（即便是最小的）。可以這樣打開話題：「今天有甚麼事最有意思呀？」或者你們是在早餐時團聚，可以說：「你今天想完成些甚麼？」爸爸可以談談工作。但五歲的女兒也是重要的發言人之一。

　　偶而也來點家庭活動。把碗盤放到一邊，玩個遊戲或一起靈修。

　　要記得，這應是大家都很享受的家庭時間，因此要放輕鬆點，讓這段時間成為既有趣又能交談的機會。

製造回憶的資料——這比你想像的重要

■畢爾士　V. Gilbert Beers

　　問問你十幾歲或大一點的孩子，甚麼是他記憶中最鮮活的事，答案可能出乎你意料之外。如果你常與他們在一起，他們的回憶多半是那些你與他們一起做的事，也最可能是那些不急不忙，沒有外來壓力之下所做的事，同時也不過是日常生活中小小的事，絕非像中了五星獎那樣的大事。

　　最近我問過孩子這個問題，孩子們舉出了幾個在他們回憶片斷中的焦點。誠如所料，聖誕節及感恩節高居榜首。其次就是我們每

年一次到印地安那州的跑火鷄國家公園旅行。再其次就是全家數十次一起外出的旅行。

當我們談到去班福及路意絲湖那次的旅行時，我很驚訝。因爲加拿大落磯山是擧世聞名的山脈，但回憶中先入他們腦際的卻是：在小店買的老虎冰淇淋（擠在老虎型杯中的橘紅與黑色迴紋冰淇淋）、反映着山光湖色的玻璃球及繞着路意絲湖的健行，最後他們終於想到那高山景色了。但那高山名勝卻比不上冰淇淋、家庭健行及可愛的玻璃球呢。

我們常常在無意間再次被提醒，原來小小的東西常會成爲美麗的回憶。同時最美麗的回憶，常都是因我們放下自己，與他們同樂時而產生的。再者，製造美麗的回憶也常不需要花太多的錢，惟一需要的，就是「下定決心」，放下當時我們所想做的事（事後我們發覺那些事其實不是那麼重要），而且把妻子兒女放在第一優先。

我們的「跑火鷄公園」體驗可能是在所有的回憶之上。讓我先從負面的角度來形容它。它不貴，也不是固定的行程，或五星級的大產品，不是精心策畫的節目，更非甚麼了不起的大事。接着從正面來看或許對你也不算甚麼。它是每年秋天一次全家人的週末旅行（也是將來每年都會擧行的節目）。大家聚在一起，才是這個體驗最重要的部分。我們都嚮往這段相聚的機會，因而情願放下一切事來參加這個一年一度的週末退修。

當然啦，我們也享受一起在跑火鷄州立公園山徑上的健行，走訪篷蓋橋節慶，開車駛過古老有屋頂掩蓋的橋，還有在法院草坪上吃香腸肉餅及煎餅的樂趣，瀏覽市集、古董商店，以及拜訪重建過的比利溪山莊。

但真正建立起回憶的，並不是這些的總合或是其中任何一個獨立的活動，而是「一起」經歷這一切。印地安那州的秋天很美，而我們的年度「跑火鷄」之旅總是在葉子色彩最絢爛的時候。向晚時分，坐在厚厚舖滿乾禾草的農耕車上兜風，滿月加上木屋壁爐裏的火，在在都是溫馨的回憶。但我們發覺這經歷中最溫暖最美好的部分，乃是我們全家「一起」體驗這些。

製造回憶的一部分（若非最重要的那部分）就是期待與回味。

雖然一起做事是很重要。但事前的一起盼望，一起談論，一起夢想，甚或一起稍作計畫又更重要啦。當然，當事情過去後，在某個冬日晚上，一起看相片時，或主日晚餐當闔家圍桌津津樂道種種趣事時，也是美好回憶中的精采鏡頭。

節期假日是製造回憶的時間。我們把每季的相片放在一個大信封套內。時序推移，假日來了又去，相片與裝飾也跟着更換。我們發覺這些點綴出了特別的時光並建立了美好的回憶。

生日也是我們家特別的時間。壽星是當天的國王或女皇。對於還住在家裏的壽星，慶祝則是從指定早、午、晚餐的菜單開始。早餐時給禮物，打開禮物，照相及領受全家人的祝賀。

不住在家的，慶祝則從一通電話及打心底唱出的「生日快樂」

歷久彌新的是甚麼？
■安德生
Larry Anderson

過去的經歷好似心靈的相簿，孩子們能重組那些寶貴的經驗，並在一生當中面對重要時機或價值判斷時，加以引用。經驗絕不像衣服般會破舊過時。

女兒麗沙最近與七十個朋友完成二十一天騎自行車穿越五國的歐洲之旅。二十一天中，有十九天下着大雨。積水使他們經常得改道，時常睡在濕漉漉之中，並且行進的速度緩慢。回國（回家）之後，人家問她此行高潮何在，她回答說：「那一天我們到了德國的哥本淖，打算渡船到科隆然後紮營。到達後才發現，因為下雨，河水高漲，船不能從橋下經過來接我們。因此，我們得在滂沱大雨中再騎十八里路，在一定的時間內趕上船，不然就接不上了。在那艱難的環境中，看到全隊同心合意地奮鬥，真是美。是我人生中極有價值的一課，將永誌難忘。」

歌揭開祝賀的序幕。全家人一起回來吃晚餐,並且一定有生日蛋糕
及蠟燭。並讓壽星知道他是當晚的焦點人物,得到國王般的禮遇。
當然啦,那天壽星是不必洗碗的。

你回想一下過去的歡樂時光,心中所記得的是些甚麼。豈非就
是那些與所愛的家人一起做的平凡小事嗎?但你要能放下一切其他
的事情與全家同樂。

爲甚麼我們這麼醉心於這些美麗的回憶,卻又發現那美麗的片
刻並不算多呢?如果孩子已十幾歲了你才要開始,的確是已經遲了
點,但現在開始,你還有足夠的機會。最理想的,是從出生即開始,
然後以製造美麗的回憶爲生命成長的一部分。我們發覺這些永不會
過時,甚至日後兒媳女婿們,也會融入那愉快的時光,並擁爲己有。

回憶是我們最珍貴的寶藏之一。擁有許多的回憶,尤其是擁有
兒時至青少年期中,與家人種種歡笑回憶的人是幸福的。這些回憶
如同强力膠,將家人緊緊地黏在一起。我們應該全力以赴地去建造
這些燦爛的時光。

與本段有關文字

第一冊第一章　衷心感懷憶昔時
第三冊第三章　維繫家庭的基本因素

電視能提供任何好處嗎?

■費爾蒙　David Veerman

時下在美國對電視的時髦稱呼是「瘡痍之地」……「蠢笨的眞
空管」……「獨眼怪獸」……等。這個現代文明的產物,本應有極
大行善的潛能,如今卻淪爲包辦源源不斷毫無意識的鬧劇,二流的
演出,暴力鏡頭及扭曲道德的對話等。難怪父母眼看孩子花上成百
小時吸收這一切時,內心何等焦慮。如何控制這入侵者已成爲頭號
要務。

當然答案並不簡單。有些人焚燬電視機以報之;另一極端則是

放棄不管，並心存僥倖地盼望一切至終沒有問題。我覺得這兩個極端都不實際，並願提出一些建議，好讓電視能對我們有所助益，使看電視的時間也成為家庭有意義的活動。

首先，分析當前的情形很重要。青少年孩子比較被甚麼樣的節目吸引？或許孩子們看電視的習慣，能讓你明瞭一些青少年的習性，或是一些他們下意識的需要。而你自己所喜愛的節目又是甚麼呢？孩子們從你又學到了甚麼樣的榜樣？你是否非看鬧劇不可？或是對暴力片較有胃口？一場球賽輸了是否令你一天都不開心？或許兩代之間彼此都應略作調整。

下列是一些建議：

• 一起談談實際情形。每人花了多少時間看電視，看的又是甚麼節目？大家心裏覺得如何？看電視的習慣是否應有些改變（從電視週刊中找找其他節目）？時間的使用是否也應有所改變（不看電視能做些甚麼事呢？）看電視與課業的協調，每晚最多看幾小時，及其他的規定等等。

• 通常每個人都有特別的喜好。如果喜歡的節目衝突時該如何？你是否堅持要看自己所喜歡的，或是心不甘情不願地讓步，然後說了一堆埋怨及小心眼的話？相反地，我們應找一些能彼此妥協的方法。這次放棄你愛看的節目與他們一起看，下次就輪到他們看你所選的了。

• 如果是一個大家都很想看的節目，內容中有令人存疑的角色或觀點，不妨等大家看過後一起討論。對他們解釋你心中的保留及為他們可能受此人物或觀點的影響而產生的疑慮，但也樂於聽聽並接納他們的看法。分析一下為何該節目那麼流行。廣告節目也可作為討論的引子，特別是一些價值觀（例如：喝酒、性、金錢，及對青春的幻想等），以及產品推銷的因素。

• 鼓勵大家看新聞特別節目，包括總統府議會轉播及世界各地頭條新聞報導等。同樣地，從罪的角度，神的計畫，基督徒的反應等來討論。（一些教育性的及老師所指定的節目也在這類之中）。

• 一起玩遊戲。看完節目後，彼此輪流考考大家節目中的一些細節。或設計一種「找找看」的遊戲，找出花籃、槍，清洗工人，

洗髮精廣告等等（運用你自己的創造力）。先找到的人可得分。

最後還有一樣需要考慮的，就是有線電視及家庭電視遊樂器。當然啦，因爲經濟的關係，對有些家庭這種負擔是不可能的，不要爲買玩具而破壞了預算。很多人覺得電視遊戲機能使大家玩得愉快，但我建議最好不要有暴力的遊戲。有些人對有線電視的反應是：「普通的電視節目對我已經很夠了。」；另有一些人則說，有線電視可以提供更多的節目讓我們選擇，這種看法有它對的地方。因爲有線電視有許多基督教的、新聞的、兒童的及許多其他的頻道，提供了許多教育性的節目。如果你訂了收看有線電視頻道的話，應該避免訂電影頻道。

無論你家的情形如何，都應「一起」找出解決家庭電視問題的方法。戲法人人會變，巧思各有不同，只是需下定決心讓它們行出實效罷了！

與本段有關文字

第七册第二章　在視聽洪流中操練信心
第七册第二章　視聽媒體如何影響家庭

▌處理兄弟姊妹間的紛爭

■巴騰　Bruce B. Barton

在處理家中兒女間的紛爭時，父母同時教導了基本的基督教神學思想。在幼稚園裏及街坊鄰里間，我們已顯露出某些人的本性。然而兄弟姊妹間更是原形畢露，總是會彼此侵犯地界，互吼「不公平」，並且爭吵不休。當家中爆發爭執時，下列提供的原則可援用：

　　1.避免給彼此封號。不准兄弟姊妹之間彼此分門別類。當小心自己也不可如此行。

　　2.堅持基本的禮貌。不准彼此奚落、傷害、或輕蔑的言語。不准兄弟姊妹叫綽號。

3.禁止身體暴力。不准打人、行動粗魯或恃強欺弱。

4.不要把孩子拿來彼此比較。避免說：「為甚麼你不能像你哥哥一樣？」或是「你妹妹總是這麼做的。」也不要讓孩子們自己彼此比較，說：「為甚麼我不能做得像美珍一樣？」

5.不要忽視孩子的不良習慣及行為。如果讓他們任意而為，遲早必會從同儕及社會的排擠下，以痛苦的方式學習人生的功課，可能會造成桀傲不馴的孩子。

6.不可賄賂。如果你說：「不要吵，媽才買披薩餅。」如此便是把該改正的行為在他們心中打了折扣。

7.不要威脅。如果你威脅孩子，就意味着你對他們已失去了控制。

8.針對問題處理。轉移注意力雖能暫時解決問題，但他們卻學不到功課。

9.不要怪罪配偶或學校。這不過是為自己推卸責任，也教他們去怪罪別人。

10.不要只顧被欺者而忽略了侵略者。如此做，就是變相地鼓勵弱者為要得到同情而假扮出殉道者的樣式。沒有就地懲辦侵略者，就失去了教導他們尊重正義的機會。

家中兄弟姊妹們爭吵也有它好的一面。這正是父母教導孩子人際關係的技巧、知識及態度的機會。

例如鼓勵他們輪流使用家中物品的觀念，「輪流」比「共用」更易於使孩子明白。共用浴室，意味着把浴室劃分成好幾塊，各人佔地為王。輪流則是吉米先用，然後輪到另一個人再用。

父母可以在他們起紛爭時，趁機教導商量及談判的技巧，「如果這次你幫忙我，下次我就大力相助。」因而培養彼此合作的習慣。在指導談判中，會讓孩子們學到平和地接受失敗及被拒，學到用平實的聲調，而非發牢騷或生氣的聲調講話。同時，也可學到表達上的技巧，例如私權被侵犯時，如何堅定有力地說出自己的感受。例如：「我不喜歡被人推。」或是：「沒有問過我，就不可以穿我的衣服。」

在這些紛爭中，都是父母教導各方面知識的好機會。當失望或

爭吵時，孩子們可以學到這些並非世界末日。與鄰居孩子有紛爭時，如何挺身保護自己弱小的弟弟妹妹。同時也可以教導他們公平正義的基本功課及基督徒的態度。當你說：「這次你應該放下這本書，下次你需要時，我會支持你。」或是說：「我不許你打哥哥，也不許他打你。」你也可以強調人重於物。如果爭的是車子、衣服或使用某種工具，你就可以讓他們看到個人比東西來得重要。

你也可以教他們一些基本態度。當你說：「我知道你已經等了很久想要看你喜歡的電視節目。我知道那感覺很難受。」如此你開導了那些原本比較不敏感的青少年人，能懂得同情，原本沒有憐憫的孩子學習憐憫。例如，說：「為何不去幫馬可做完家事呢？說不定下次他也會樂於伸出援手。」

對作父母的，最大的挑戰就是決定何時干涉，何時不去干涉。有時候讓他們自己處理爭執也是好的，有時候則得去介入看看是否公平競爭。有時候得想出些別出心裁的方法來使用家中的房間或設備，好保持天下太平。如果兩個孩子同用浴室會爭吵，那麼找個方法讓一個先用浴室，另一個則先穿衣服，以後再互換。如果兩個孩子吃飯時坐在一起老愛爭吵，你就坐在他們之間看看是否會好一點。兩個孩子合用一個房間的話，試試為他們將臥室重新安排一下，說不定會收到意想不到的效果。

下列是一些建議可幫助消弭家中兄弟姊妹的紛爭：

1. 找一週做為「感謝週」（或是一個感謝日）。在那段時間內，誰也不許講另一個人的壞話。

2. 一年內找出一個月，把每個人的生日再慶祝一次，但不再給禮物。而代以一特別晚餐，每人向壽星說句「我謝謝你，因為……」的話。把這些話放在冰箱上，讓大家明白「給予」的真義。

3. 每年全家外出度假旅遊，但不要終日只關在旅館中。一起去露營，一起去划獨木舟，到歷史名勝遊覽，促進彼此的溝通及合作。

與本段有關文字

以青少年人爲樂？

■青少年歸主協會
　編輯室

「我實在不喜歡我的孩子，老實說，他們快讓我發瘋了——他們不斷地要求、要求、要求到使我失去耐性。」

不少父母都這麼說過。有時與青少年在一起實在是件嘔心瀝血的差事（當他們還小時曾是那麼地可愛）。我們衷心愛自己的孩子，希望能以他們爲樂，然而事實卻不然。

當然啦，世上並沒有甚麼魔術或是萬靈丹能除去家裏的緊張。每個家庭都是有缺點的人組成的，因此必有稜角衝突的地方。加上孩子們正在成長中掙扎，無時無刻都在試探我們的極限。無論如何，我們還是可以試着去改變情況，再一次以孩子爲樂（儘管他們已是十幾歲了）。

1.我們看待孩子像大人一樣，與他們分享問題，並請他們參與家庭問題與目標的討論。大家一起禱告，他們可能也會提供實用的解決方法。

2.我們應對待他們的朋友如同自己珍貴的朋友一般，甚至也能帶他們參加我們家庭的度假或戶外活動。（在長途旅行中是很難讓青少年人安分守己，還不如讓他帶個朋友同行。）

3.我們可以專心顧到孩子的需要，而不是總要他們來牽就我們的時間。把自己和時間都給他們（不只是金錢或禮物），這樣他們就會知道我們喜歡跟他們在一起。

4.我們能與其他家庭成員「密謀」給某個孩子一個驚喜。

5.應記得當我們選擇一些「大人」喜歡

而孩子們不喜歡的遊戲時，家庭就無法和樂。但如果選擇孩子們喜歡的活動，大人雖不享受，若能忍耐着一起玩，那麼至少能擁有與孩子在一起的快樂（這是值得的）。

應當靈活運用金錢。趁孩子還在身旁時，把開銷花在全家都喜歡且有益的事物上，不要想說等有了「足夠」的錢再做這種計畫。

6.跟孩子講話時，不要話中有話，更不可時時話中帶刺。（如此待友定會令人敬而遠之。）對待他們應像待朋友一樣的有禮貌，合常情。

7.應試着把孩子當作「朋友」，平等地交談，而不是向下發令。

行動總比美麗的辭藻來得響亮。如果我們以愛心待孩子，就會消除攔阻，我們也會學到如何尊重、感激並以彼此為樂。

▎建立對家庭的忠誠

■伯金士　John Perkins

兒子腓立上大學時，有些生活沒有基督徒的見證。某天晚上，另一個兒子德立去質問他所犯的一些錯誤後，對他說：「腓立，你實在不像我的哥哥。」腓立忍不住開始哭了，因為他心中極不願意羞辱到家門。這就是我所謂對家庭忠誠的一個例子。

與孩子們一起玩球，露營或一起做工，自然而然地就會建立起家庭的向心力。此外，每天一起吃飯更能加強一家人的團結。除了星期六，平時我們晚餐都是全家在一起吃，直到孩子們長大，分別

參與不同的球類活動，一同吃飯幾乎成了不可能的奢望，因此大夥兒決定，每星期日晚餐為家庭時間。後來孩子在外地上了大學後，也一定在那天趕回來加入全家人一起的晚餐。

在餐桌上，父親所帶領的全家談論，在家庭的合一及團結上扮演着舉足輕重的角色。談論話題應包括他對孩子們一向的教導及對他們將來的期望。不只是限於凡事成功，更重要的是期望他們有正確的價值觀。例如，孩子們知道，我期望他們將來參與一個忠實傳揚聖經真理的教會，否則我會很失望。這樣的談話，常會在他們心中建立起一些標準。

我們也一起去露營，其中一晚大家分享自己的雄心及生命的目標。當我們如此分享自己的夢想時，我們的心靈就更緊密地織在一起。

每一個家庭都建立着它獨特的風格，也期望每個成員都能將這種家風變成傳統，代代傳遞下去。內人特別有負擔要將傳統傳給孩子，從這傳統中也培養出對家的向心力。

對家的向心力有些是從大家庭中自然產生的。孩子少過三個的小家庭比較難培養對家的向心力。如果是這樣，堂表兄弟姊妹們對建立那種傳統意識及向心力也是非常地重要。我深知這點，因為我和許多表哥表姊一同長大。

但現在表哥表姊這種字眼已經幾乎從我們的用詞中消失了。雖然我們仍有伯叔姨舅，但是表哥表姊似乎在生命中已不重要了。在這流動性如此大的社會中，可能一家住在加州，另一家則住在阿拉巴馬州，表兄妹間很難建立起深厚的情誼。

神選出家庭成為道德與安定的第一階段。家庭有責任教導重要的美德諸如勇氣、認識自我、愛及同情。若我們把這些教導的責任推卸給育兒中心、學校或教會那就是犯了大錯。

我們希望一些機構來教導這些美德。但是如果家庭放棄了自己傳遞信念的角色時，也就會失去了家的傳統特色。

與本段有關文字

「我們一定得去嬸嬸家嗎？」

■青少年歸主協會
　編輯室

家裏打算要來個親戚大團聚，或是全家一起去度假，或只是去探望嬸嬸，但是家中的青少年孩子就是不肯去。他們一定得去嗎？那些活動是一定得參加的呢（如果有的話）？

事實上，問題倒不在於那活動的本身，乃在於想要「獨立」而與爸媽的「要求」分庭抗禮。青少年孩子已邁向成人，他們想選擇自己的活動。而另一方面，父母眼見孩子將搬出去，家庭結構將要完全改變，所以他們就想作最後的努力，要有多一點家庭活動。

可惜的是，這些人現在才發現家庭的重要已經太遲了。此時是應設法幫助孩子獨立，而非抓緊不放的時刻。總之，父母的責任，是培養孩子成為獨立、負責的成人。當孩子已經長大，有許多其他活動時，要勉強他們一下子進入一個「新觀念」（亦即家是最重要的），那是不實際的。如果向來父母都不是那樣養育他們，也不曾活出以家為重的榜樣，到了現在才要開始，幾乎是不可能的了。

家庭的戶外活動應讓孩子參與決定。孩子們長大一點時，父母應讓孩子有一定程度的選擇或拒絕某些活動。有時帶個孩子們的朋友同行，讓他們一起去瘋個下午，可能是個值得一試的方法，為的是能讓全家人都玩得高興。